● 优秀青年教师教研丛书

丛书主编　邵丽云

# 高中数学新课程关于概率的教学误区及对策研究

何娟　著

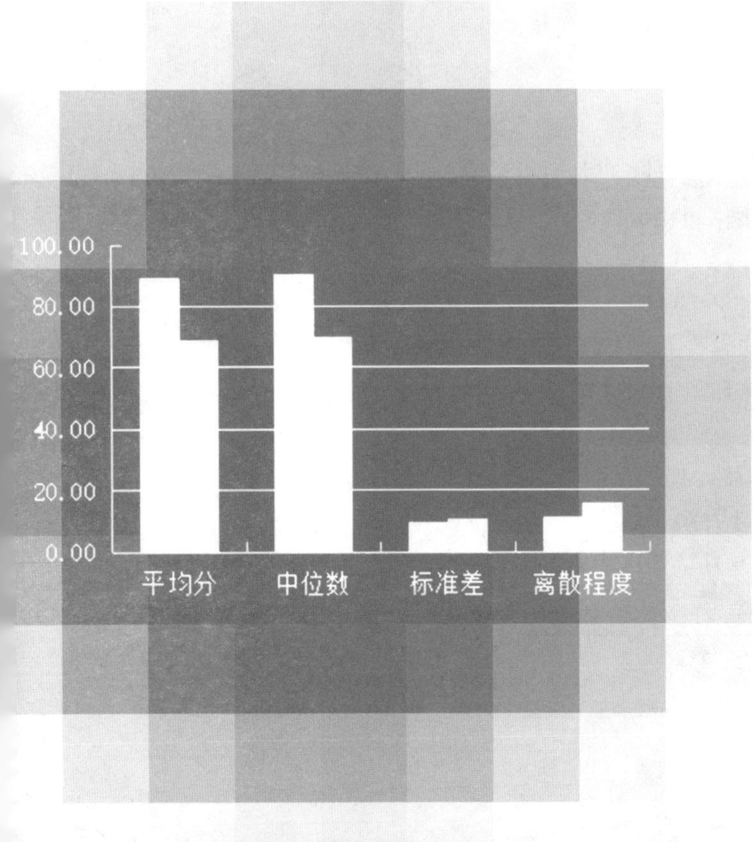


山东大学出版社

**图书在版编目（CIP）数据**

高中数学新课程关于概率的教学误区及对策研究/何娟著 .—济南：山东大学出版社，2021.6
（优秀青年教师教研丛书/邵丽云主编）
ISBN 978-7-5607-7071-0

Ⅰ.①高…　Ⅱ.①何…　Ⅲ.①中学数学课—教学研究—高中　Ⅳ.①G633.602

中国版本图书馆 CIP 数据核字（2021）第 124626 号

策划编辑　姜　山
责任编辑　祝清亮
文案编辑　曲文蕾
封面设计　张　荔

出版发行　山东大学出版社
社　　址　山东省济南市山大南路 20 号
邮政编码　250100
发行热线　（0531）88363008
经　　销　新华书店
印　　刷　济南巨丰印刷有限公司
规　　格　720 毫米×1000 毫米　1/16
　　　　　6.75 印张　160 千字
版　　次　2021 年 6 月第 1 版
印　　次　2021 年 6 月第 1 次印刷
定　　价　28.00 元

# 总 序

山东省实验中学数学组是一个优秀的团队，成员们以崇高的使命感和责任感，把教育作为爱的事业去奉献。他们用语言播种，用粉笔耕耘，用汗水浇灌，用心血滋润；他们用行为诠释着教师这一崇高职业的内涵；他们把先进的教育理念蕴含在每一堂课中，把崇高的师爱融化在对每个孩子的教育中，促成一批批学子成才，推动着学校各项工作不断跃上新台阶。

何老师作为团队的一员，我亲眼见证她从一名教坛新秀成长为一名骨干教师。她热爱本职工作，勤于钻研教材教法，在认真完成教育教学工作的基础上，多次开设展示课、示范课和公开课，多项比赛荣获全国、省、市一等奖。在课堂上，她注重通过设置问题情境，展现知识的形成过程，体验探究的基本方法，渗透数学思想方法，突现数学核心概念，提升数学核心素养，得到专家、老师和学生们的一致好评。

英国著名课程研究专家斯藤豪斯认为，课程改革是人的改革，课程发展是人的发展，没有教师的发展就没有课程的发展。这就是说，教师是新课程改革的积极推动者和实施者，要尊重教师的主体地位，从陈旧的教育观念中解放出来，充分发挥其积极性、自主性和创造性，才能将新课程改革的成果作用于广大学生。因此，我们要加大步伐，认真研究经济社会新常态下教育教学工作面临的新变化、新问题，遵循教学规律，观念上要更加适应，认识上要更加到位，方法上要更加对路，工作上要更加得力。为此，何老师选取高中概率的内容作为研究的对象，针对当前高中新课程概率教学过程中存在的问题进行了分析研究，对其概念和方法应用产生的误区进行概括，提出了纠正误区的对策，并做了初步的教学改革与实践，可以增进人们对新课程概率内容的了解，对授课的教师和学习该课程的学生也有一定的指导意义。

教学是一门高深的技术，非浅尝则止者所能通晓。意欲教好书、育好人，做一名求真务实的学者型教师，做一名苦心钻研的研究型教师，务求脚踏实地。希望各位老师认真学习参考，主动适应教育发展新常态，深入开展理论和实践探索，以理论指导实践，以实践提升理论，促进国家教育事业和学生全面发展。

邵丽云

2021 年 4 月

# 前　言

随机思想成为人们生存必需的基本素质之一。由于概率研究的对象是不确定现象，与传统的教学内容有着极大的不同，因此传统的教育观念和教学方式就显得有些苍白，如何做好概率的教学是数学教育界亟需解决的问题。教育部于2003年印发了普通高中课程方案和课程标准实验稿，并于2013年至2020年进行了普通高中课程修订工作，较多地增加了概率统计的内容与课时，在编排顺序上也作了较大变动，这些变化体现了数学课程改革的基本理念。

本书根据笔者多年的教学实践和经验，首先，分析了高中新课程数学设置概率内容的基本理念、教育价值及教学要求。其次，针对当前高中新课程概率教学过程中存在的问题进行了分析研究，对其概念和方法应用产生的误区进行概括，并通过正反例使问题得以澄清。再次，以科学的数学教育理念为指导，以教与学对应的原理为核心，以提升数学核心素养为目标，提出了在教学过程中纠正误区的五个方面对策。最后，结合新课程概率初步内容的改革实验，对概率的教学提出了一些教学建议。总之，本书的研究可以增进对新课程的了解，对授课的教师和学习该课程的学生都有一定的指导意义。

高中新课程概率教学中还有很多值得进一步研究的内容，例如培养学生认知和思维能力、基于现代教育技术的高中概率教学模式等方面都可作进一步深入研究。

何娟

2021年5月

# 目　录

# 第一章　引论

## 第一节　问题提出的背景

### 一、新课程改革的缘起

21 世纪以来，数学、计算机和教育心理学等方面的新成果共同推动了世界范围内的数学课程改革运动，各国都纷纷推出了自己的改革方略和政策。我国一大批教育家、数学家和数学教育家也都已经意识到：大众数学必将成为 21 世纪上半叶我国中小学数学教育的主旋律。大众数学意义下的数学教育体系所追求的教育目标就是人人学“有用”的数学，人人掌握“必需”的数学。不同的人学习不同的数学，以反映未来社会对公民所必需的数学思想方法为主线选择和安排教学内容，以与学生年龄特征相适应的大众化、生活化的方式呈现数学内容，使学生在现实生活和活动中学习数学、发展数学。面对经济、科技的迅猛发展和社会生活的深刻变化，面对新时代社会主要矛盾的转化，面对新时代提高全体国民素质和人才培养质量的新要求，面对我国高中阶段教育基本普及的新形势，教育部于 2003 年印发了普通高中课程方案和课程标准实验稿，并于 2013 年至 2020 年进行了普通高中课程修订工作。这次修订是深化普通高中课程改革的重要环节，直接关系到育人质量的提升。高中数学课程以学生发展为本，以立德树人为根本任务，注重培育科学精神和创新意识，提升数学学科核心素养。数学学科核心素养包括数学抽象、逻辑推理、数学建模、直观想象、数学运算和数据分析。依据高中数学课程理念和数学学科特点，数学教材也进行了一系列的改革，体现了课程的基础性、选择性和发展性，关注数学逻辑体系、内容主线、知识之间的关联，重视数学实践和数学文化。

高中数学新课程增加了概率统计的内容与课时，在编排顺序上也作了较大变动：一部分放在必修课程中，即概率论初步；另一部分通过理解离散的随机变量，来进一步地加深学生对于随机现象的认识，放在了选修课程中。这些变化体现了数学课程改革的基本理念。在教学活动中，教师应准确把握课程目标、课程内容、学业质量的要求，合理设计教学目标，并通过相应的教学措施，在学生掌握知识技能的同时，促进数学学科核心素养的提升。教师是课程改革的参与者和实践者，改革的目标和意图能否达成与他们的课程理念、学科专业知识以及教学专业知识等密切相关。李俊认为，教育研究滞后于课程改革步伐除了与开展研究时间短有关，还有几个原因：①与概率相关的有些错误概念比较隐蔽，不易觉察；②有些错误观念貌似合理，貌似符合逻辑；③要弄清学生在解决概率问题时的真实思维很困难；④从事概率思维研究的人员很少，很多国家中小学的概率教育刚刚起步。作为一线教师，笔者认为概率的教学应针对概率的特点，注重思想方法的教学，探索适当的教学模式，避免出现教学误区，要适应时代的要求。因此，选取新程标准中概率的部分内容作为研究的对象。

## 二、新课程标准

### （一）内容要求

概率的研究对象是随机现象，为人们从不确定性的角度认识客观世界提供重要的思维模式和解决问题的方法。统计的研究对象是数据，核心是数据分析。概率为统计的发展提供了理论基础。

必修课程中概率的内容包括随机事件与概率、随机事件的独立性。

学习这一单元可以帮助学生结合具体实例，理解样本点、有限样本空间、随机事件，学会计算古典概型中简单随机事件的概率，加深对随机现象的认识和理解。

选择性必修课程中概率的内容包括随机事件的条件概率、离散型随机变量及其分布列、正态分布。学习这一单元可以帮助学生了解条件概率及其与独立性的关系，能进行简单计算；感悟离散型随机变量及其分布列的含义，知道可以通过随机变量更好地刻画随机现象；理解伯努利试验，掌握二项分布，了解超几何分布；感悟服从正态分布的随机变量，知道连续型随机变量；能够基于随机变量及其分布解决简单的实际问题。

1.随机事件与概率

(1)结合具体实例，理解样本点和有限样本空间的含义，理解随机事件与样本点的关系。了解随机事件的并、交与互斥的含义，能结合实例进行随机事件的并、交运算。

(2)结合具体实例，理解古典概型，能计算古典概型中简单随机事件的概率。

(3)通过实例，理解概率的性质，掌握随机事件的概率的运算法则。

(4)结合实例，会用频率估计概率。

2.随机事件的独立性

结合有限样本空间，了解两个随机事件独立性的含义。结合古典概型，会用独立性计算概率。

3.随机事件的条件概率

(1)结合古典概型，了解条件概率，能计算简单随机事件的条件概率。

(2)结合古典概型，了解条件概率与独立性的关系。

(3)结合古典概型，会用乘法公式计算概率。

(4)结合古典概型，了解贝叶斯公式，会用全概率公式计算概率。

4.离散型随机变量及其分布列

(1)通过具体实例,了解离散型随机变量的概念,理解离散型随机变量分布列及其数字特征(均值、方差)。

(2)通过具体实例,了解伯努利试验,掌握二项分布及其数字特征,并能解决简单的实际问题。

(3)通过具体实例,了解超几何分布及其均值,并能解决简单的实际问题。

5.正态分布

(1)通过误差模型,了解服从正态分布的随机变量。通过具体实例,借助频率直方图,了解正态分布的特征。

(2)了解正态分布的均值、方差及其含义。

(二)学业要求

掌握古典概型的基本特征,根据实际问题构建概率模型,解决简单的实际问题。借助古典概型初步认识有限样本空间、随机事件以及随机事件的概率。重点提升数据分析、数学建模、逻辑推理和数学运算的基本素养。

结合具体实例,理解随机事件的独立性和条件概率的关系,理解离散型随机变量在描述随机现象中的作用,掌握两个基本概率模型及其应用,了解正态分布的作用,进一步深入理解随机思想在解决实际问题中的作用,重点提升数据分析、数学建模、逻辑推理、数学运算和数学抽象的基本素养。

(三)教学提示

在概率必修课程的教学中,应引导学生通过日常生活中的实例了解随机事件与概率的意义。在随机事件和样本空间的教学中,应引导学生通过古典概型,认识样本空间,理解随机事件发生的含义;应引导学生理解古典概型的特征:试验结果的有限性和每一个试验结果出现的等可能性,知道只有在这种特征下,才能定义出古典概型中随机事件发生的概率。教学中要适当介绍基本计数方法(如树状图、列表等),计算古典概率中随机事件发生的概率。鼓励学生尽可能运用计算器、计算机进行模拟活动、处理数据,更好地体会概率的意义和统计的思想。例如,利用计算器产生随机数来模拟掷硬币实验,利用计算机来计算样本量较大的数据的样本均值、样本方差等。教师应通过典型案例开展教学活动,案例的情境应是丰富的、有趣的、学生熟悉的。在案例教学中重视过程,层次清楚,从具体到抽象,从实际到理论。

在概率选修课程的教学中 ,应引导学生通过具体实例,理解可以用随机变量更好地刻画随机现象,感悟随机变量与随机事件的关系,理解随机事件独立性与条件概率之间的关系;通过二项分布、超几何分布、正态分布的学习,理解随机变量及其分布。在教学过程中,应在引导学生利用所学知识解决一些实际问题的基础上,适当进行严格、准确的描述。

## 第二节 研究目的和意义

随机现象在自然界和人类日常生活中无处不在,概率统计是研究随机现象数量规律的学科。随着人类社会的进步、科学技术的发展,经济全球化进程日益加快,概率统计在众多领域内扮演着越来越重要的角色,取得了越来越广泛的应用,也获得了越来越大的发展动力。在不确定性信息日趋繁多的社会里,它为人们认识客观世界,有效地采集、处理、分析随机数据,并对所研究问题作出合理推断与决策提供了重要的思维模式和解决问题的方法。概率统计的基础知识已成为一个未来公民的必备知识。

正因如此,教育部在基础教育改革中,在 2003 年颁布的新课程标准(简称"新课标")里,较多地增加了概率统计的内容与课时,在编排系统上也作了较大改变。高中随后使用新课标要求下的教材,高考的考试内容、要求也与新课标对应,在试题内容和所占分值上也有较大变动。这些变化体现了数学课程改革的基本理念。

在新课标中，从数学课堂的改革方面来讲，“学生是主体，教师是主导”是众所周知的。然而我们也知道，概率所涉及的内容实践性很强，学生可以通过自主来认识数学和掌握数学知识。在实践中，通过主体与数学知识的相互作用，在学习中维持主体的积极作用。但是，由于个体的差异性和学生学习确定性变量的固定思维方式，学生在转向学习随机变量概念和方法时，往往不能将顺向思维与逆向思维合理转换，不能用发散、多向、求异的非常规性思维考虑问题。再加上教师对概率统计知识的教学研究、探讨不够广泛和深入，不能精心设计教学活动，不能采取合理的教学模式与层次，在教学中不能有效发挥教师的作用，从而导致学生随机观点建立不平衡，在解决概率问题时事件间关系判定不准确，概念及相互之间关系模糊不清，产生了很多概念和方法应用上的误区。

笔者根据多年的教学实践和经验，针对当前高中新课程中概率教学过程中存在的问题进行了分析研究，对其概念和方法应用产生的误区进行概括，以科学的数学教育理念为指导，以教与学对应的原理为核心，以提升数学核心素养为目标，提出了纠正误区的对策，并作了初步的教学改革与实践。由于类似相关研究还很少，且国外的研究结果未必能适合国内的学生、国内现有的研究主要以旧课程为研究对象，所以本书可以增进读者对新课程的了解，对概率内容的教学有一定的指导意义，也是数学教学理论运用的有益实践。基于研究的现实意义，本书选取高中概率的内容作为研究的对象，对教师、学校、教育主管部门及教师继续教育培训机构提出了一些相应的建议。

# 第二章 研究现状

## 第一节 国外概率教学研究的现状

在西方,一些研究人员曾探讨过中学生对“机会”“可能性”等概率概念的通俗表述的理解,以及定性地理解概率的情况。一般通过问题测试的方式调查不同年龄和不同数学背景的学生对概率的理解,比如:

格林(Green,1982 年)曾对 2930 名 11~16 岁的学生考察定性说明随机事件发生与否的能力。结果发现:这个年龄段的学生感到困难最大的术语是“相当有可能”“不太可能”和“极有可能”;相对容易的术语是“不是很有可能”“机会很小”和“偶然”;最容易掌握的术语是“很可能”“可能”和“不可能”。学生主要的错误是将“相当有可能发生”与“必然发生”或“总是发生”等同起来,将“不是很有可能发生”“不太可能发生”与“不可能发生”或“不会发生”等同起来。威廉姆斯(Williams)和阿米尔(Amir)也作过类似的研究,得到的结果与 Green 得到的结果是一致的。但他们都没有把定性和定量同时作为选择支来考察。

科诺德(Konold,1989 年)在对 16 位心理系大学生研究预言结果法时,研究了其对概率值的解释。学生在解释“下雨机会是 70%”时,有 4 个人认为它就意味着“会下雨”,其理由是 50%<70%,接近 100%。他们认为凡是某事发生的概率值大于 50%,那么这件事肯定会发生。有这种倾向的学生容易把不太可能当作不可能,很有可能当作必然。也有一些人把 70%解释为云的浓度,这些学生是从原因方面考虑,而不是

从概率角度考虑。当 Konold 问学生预报下雨机会是 70% 的那天实际上没下雨说明什么时，有 6 个人回答说预报员预报错了。当 Konold 问学生如何判断“下雨机会是 70%”这个预报很准确，有 13 个人认为：在这样的天气条件下，如果 10 天中有 7 天下雨将是非常准确的。他们是从简单的算式(10×70%=7)中推导出的。当 Konold 让学生解释“下雨机会是 50%”时，有些学生就认为是可能下雨，也可能不下雨，或认为什么事情都可能发生。对于有结果倾向的学生来说，概率是用来决定一个随机事件是否发生，而不是用来度量此事件发生的频度程度的。这些学生在说明一个结果的概率值是什么意思时，常以 50% 为标准。这些回答表明有些学生是用预言结果法来解释概率值的。Konold 发现预言结果法是中小学生常用的、比较顽固的错误概念，不易消除，经过短期的学习，学生回答的正确率也只提高了 6%。

1975 年，皮亚杰(Piaget)和英海尔德(Inhelder) 研究了儿童如何认识事件及其在经历多次重复试验中表现出的规律性。他们使用了一种画有 8 个相等扇形区的转盘，问儿童“转动指针 16 次每种颜色转到 2 次，与转动指针 800 次每种颜色转到 100 次相比，哪一种情况发生的机会更大?”他们发现，有些儿童认为大数定律只对较小的数成立，当我们给出的试验次数大于 100 时，他们就不认可大数定律了。Piaget 和 Inhelder 对这一现象提出了两个假设：其一是这些孩子不懂比例，只知道比较它们的绝对误差。其二是这些孩子把握大数的能力不强，对于 100 次、800 次和 1600 次试验，他们不能确定会发生什么，因为缺乏预见哪个数会代表或指向什么的能力。

1984 年，菲施拜因(Fischbein)和加齐特(Gazit) 曾研究过学生对理论概率和实验概率的接受情况。他们对五、六、七年级学生做过短期的概率教学实验，教学内容既有理论概率也有实验概率，教学实验后的测试结果表明学生更容易接受理论概率。在理论概率方面，他们发现学生有三种错误：第一种错误是求袋中两种颜色的球数之比，而不是求期望的结果数与所有可能的结果数;第二种错误是以为概率就是$\frac{1}{n}$;第三种错误发生在不放回的情况下,学生忘记期望的结果数和结果总数都要减1。

戈勒姆(Garham)等(1997年)研究了学生能否利用概率值进行决策。他们对8个三年级学生进行了多次访谈。其中有一个题目是关于转盘游戏的,转盘由三块不同面积的扇形积木组成,让学生先选定一块积木,然后转动转盘,如果指针落在所选择的积木上就赢了,问学生会选择哪一块。研究发现,学生的决策过程有四个水平:水平1为预测很有可能或不太可能是建立在主观判断基础上;水平2为预测很有可能或不太可能是建立在定量基础上,但可能转向主观判断;水平3为预测很有可能或不太可能是建立在定量基础上;水平4为预测很有可能或不太可能是建立在某一事件的概率基础上。其中,1个学生达到了水平3,6个学生达到了水平2,1个学生仅达到了水平1,这说明三年级学生一般只会凭主观经验决策。

以上研究表明:在现实生活经验的基础上,学生很容易接受事件发生具有不确定性和不可预见性,但仅依靠一些零散的生活经验,学生往往难以理解不确定性背后会有规律可循,难以想象为何重复试验有利于发现规律,且重复次数多的要比重复次数少的试验获得的规律更可靠。

另外,Pigaet和Inhelder在1951年出版的《儿童机会观念的由来》中详细地记录了他们对儿童进行系统地诊断性访谈的细节,指出儿童对机会的认识发展要经历三个主要阶段:①前运算阶段(7～8岁之前),处于这一阶段的儿童不会区分因果事件和随机事件,他们试图从无序中发现有序,相信一定存在隐藏着的序;②具体运算阶段(8～12岁左右),处于这一阶段的儿童能区分确定与不确定,开始知道如何量化不确定性,但这是建立在经验之上的;③形式运算阶段(大约12岁以后),处于这一阶段的儿童能将演绎逻辑与随机概念相结合。他们总结出:处于具体运算的儿童通常表现出只比较想要东西的数量(古典概率公式中的分子)而忽视所有东西的数量(分母)。1991年,科利斯(Collis)和比格斯(Biggs)等对小学生学习概率时的四个层次水平进行了研究,指出:第一个层次是仅与个人主观认识相关;第二个层次是由主观认识向"朴素"的数量理解过度;第三个层次是运用非正式的数量模式来思考问题;第四个层次是会用数量来表达概率观点。另外,他们还讨论了达到四个不同层次的教学方法。

## 第二节　国内概率教学研究的现状

在国内,有关概率的教学研究极少,且大多数研究讨论的是概率知识和解题技巧。张奠宙曾撰文指出:中国的数学教育研究文章可说汗牛充栋,为何没有人去关注"概率教学"?或许有人说课程中没有概率,所以没有人研究。但是课程能不能包括概率论总不能靠一些决策人"拍脑袋",概率教学的缺失表明中国数学文化不足。

自从概率进入了新课程标准,相应的教学研究也逐步展开。华东师范大学的李俊利用观察到的学习结果的结构(Structure of the Observed Learning Outcoming,SOLO)分类法,从认知角度对中国各个年龄段的学生的概率概念掌握情况进行了研究,提出学生对概率的认识有五个水平层次:前结构水平、单一结构水平、多元结构水平、关联水平和进一步抽象水平。同时,对中小学概率的教与学提出了一些原则性建议:高中学生虽然在小学、初中阶段学习和掌握了概率统计的基础知识,但由于仅仅掌握处于离散状态的基本概念和少数几个专业术语,还不能用概率统计的知识和方法表征相应问题并加以解决,因此总体上对这部分知识的学习和掌握只达到多元结构水平(从高中角度而言)。这些知识又构成了高中概率统计知识学习的前结构和基础。高中阶段的要求是学生通过学习,总体上能达到关联水平和进一步抽象水平。

华东师范大学的马萍等对高一学生统计素养现状进行了调查研究。调查结果显示：通过参与统计活动的学生与没有参与活动的学生对比发现，他们在统计方法的掌握、批判性思维能力和情景知识方面存在差异，且前者显著好于后者。

南京师范大学的陈嫣、涂荣豹研究了概率统计教学在培养学生认知和创造性思维方面的作用，指出应从教学方式、思维方式、学习方式这三个面培养学生的随机性数学意识。

辽宁师范大学的金美月等对高中数学教师概率知识掌握程度进行了调查研究。调查结果显示：教师较熟悉概率的古典定义和统计定义，对概率的几何定义虽了解不多，但都会计算指针指向转盘上某一扇形区域的概率。教师中存在"等可能性偏见""预言结果法"和"简单复合法"的错误，对条件概率、小概率事件等知识的掌握较欠缺等。数学教师掌握知识的程度直接影响到概率统计的教学效果。

人们对概率的几种常见错误认识：机会不能量化及预测、等可能性、简单复合法、预言结果法。前三种是李俊在其博士论文中研究发现的我国学生对概率的常见错误认识，预言结果法是由 Konold 在 1989 年提出的。为了便于阅读，这里转述一下他们的研究。

机会不能量化及预测是指错误地认为随机现象是没有规律可言的，是完全不确定的，因而机会是不能量化及预测的。学生是否具有量化机会的意识和能力常被看作是概率教学可以开始的一个必要条件。研究发现，它是一个比较容易克服的错误认识。

等可能性偏见是指误认为一次试验中每一个结果发生的概率都相等。这一偏见随着年龄的增加而减少，但是遇到较复杂的复合事件时，这一偏见又会重新出现。研究发现，不管学过或是没学过概率，大多数学生都会产生等可能性偏见。

简单复合法是在度量和比较多步试验概率时暴露出的一种错误概念，即将多步试验分割成多个独立的一步试验，并将多步试验的可能性仅看作是它各组成部分可能性的简单复合。无论学过还是没学过概率，许多学生都在使用这种分割转化的方法。许多研究中也曾观察到这一错误，但是都没有予以特别关注，对其仅限于从等可能性角度予以解释。

预言结果法的显著特点是：①预言每次试验的结果；②将概率看作为一种预测，因而在每次试验以后就判断说某一概率是预测对了还是错了；③将概率估计建立在因果关系上，而不是建立在分布信息上。Konold发现，有预言结果倾向的学生会在不同的题目中比较一贯地使用此错误概念。

国外关于概率教学的研究比较注重应用心理学、教育学理论的成果分析学生在学习活动中思维发展的过程，且有较多的实验研究。相对来说，国内的教学研究偏向于解题技巧和知识点分析。在教与学的关系的研究方面，国外较多地注意到了学生“如何学”，而国内侧重于教师“如何教”，较少注意到作为学习主体的学生学习时的情感、态度、意志品质等非智力因素的状况，以知识传授为主要目标。这样在教学中就以灌输为主，以知识拥有量和记忆的保持度来评价学习效果，而不是以学生的认知水平的发展状况和能力的提高情况为评价标准。

# 第三章　高中新课程概率教学中常见的误区及对策

数学是由两个大类——证明和反例组成的。数学发现主要是提出证明和构造反例。绝大多数的数学书属于第一类，即以正面的陈述证明为主体，而反例是推翻错误命题、正确理解概念与定理的手段。从事教育工作的教师会体会到，在教学过程中，有时恰如其分地使用一个反例，对于说明一个陈述的不真，往往会起到更好的效果。从教学方面讲，学生容易产生一些错觉，以为这也是对的，那也是对的，但往往一字之差，就是错误命题。反例可以纠正学生的错觉，加深学生对正确结论的全面理解。正如美国数学家 B. R. 盖尔鲍姆和 J. M. H. 奥姆斯特德说得那样：一个数学问题用一个反例予以解决，给人的刺激犹如一出好的戏剧。

笔者根据多年的教学经验，参阅了国内外许多书籍、文献，从中汲取了丰富的营养，针对当前高中新课程概率教学过程中存在的问题进行了分析研究，概括出其中常见的误区，并通过正反例使问题得以解决，对授课的教师和学习该课程的学生都是十分有益的。

## 第一节　高中新课程概率教学中常见的误区

### 一、教师常犯的错误

(1)缺乏揭示学生日常生活中对概率的错误认识的直觉。

由于学生过去主要接触的是确定性事物，对于不确定性事物的认识非常有限,学生头脑中有关概率与统计的认识大都来自个体的一些零碎的、不成熟的经验。尽管现在义务教育的小学和初中阶段已经增加了概率与统计的内容,但其教学目标定位于感性和定性认识的水平,学生对许多问题还无法进行理性判断,往往只能借助已有的经验或前概念(学生在未学习严格定义之前就有的概念)来进行判断,他们常常会使用可能性、运气、机会、公平等词汇,并根据他们对这些词汇的理解来处理或表达随机问题。但事实上,他们对随机的理解有些是错误的,这些错误的理解将会对他们高中概率的学习产生负面影响。

例如,有 8 个人欲通过抓阄的方式来决定谁取得某物,为此设有 8 个阄,其中只有一个阄是有物的阄,8 个人依次从中抓取。对此类问题有不少人相信,先抓阄的人比后抓阄的人得到此物的可能性大。但是,概率的确定却不依赖直觉。通过概率论严格的推理可以证明:在抓阄过程中,不论先抓还是后抓,抓到的概率是相同的。

需要进一步指出的是,在高中阶段,有些学生即使学过了概率与统计,但在碰到具体问题时,仍然不会或不善于应用已经学过的概率知识进行定量地分析,往往还习惯于借助经验和直观来解决问题,他们以前对随机现象问题的一些错误认识仍然根深蒂固。

因此,高中教师有必要在讲授必修教程时,通过日常生活中的大量实例,使学生更好地理解随机事件发生的不确定性及频率的相对稳定性,帮助学生澄清日常生活中对一些问题的错误认识。

(2)过多采用计数原理来计算概率。

进入新课程以来,很多老师很困惑:不讲计数原理,能不能讲概率。老师们比较熟悉的是按旧课程的顺序先讲排列组合,然后讲古典概型,通过计算排列数,把样本空间的总体说清楚。如果现在没有排列组合作为工具,能不能给学生把像古典概型这样的概念表达清楚,能不能举出合适的例子,老师们对此都存有疑虑。但是,在以前讲授概率的时候,学生的注意力放在了求组合数和排列数,而不是对随机思想的理解,也就是说这种难度的题目，实际上淹没了教师对于随机思想的渗透。新课程从定位考虑，把计数和随机现象定为两个完全不同的问题，这样处理是为了更突出对随机现象的认识，而不是把难点放在计数原理上。但是，现在的确存在着一种现象：在一些地市的试卷命题中，依托于概率的题目基本上不属于概率的范畴，主要是计数问题。这是一个错误的导向，一线教师应该加以注意。

(3)认为“不学概率就无法学统计”。

新课程必修课程中概率与统计是紧密相连的，概率是统计知识的自然扩展和进一步深化。概率与统计是同一事物的两个方面：求事件的概率是从局部考虑问题，而求随机变量的分布规律和数字特征是从全局考虑问题。概率的特点是先提出数学模型，然后去研究它的性质、特征和规律性；统计则是以概率为基础，通过对随机现象的观察，利用概率运算所取得的数据来建立数学模型，从而作出分析。没有概率就缺少刻画和分析统计数据的数学模型；没有统计，概率就失去了具体模型和对象。在必修课程中对概率与统计的关系认识还只是初步的，只有在选修课程中讲了随机变量以后，才能对它们之间的关系认识得更清楚。事实上，统计里的总体可以看成随机变量，总体的分布可以看成相应的随机变量的概率分布，总体的平均数和方差可以看成相应的随机变量的平均数(数学期望)和方差。例如，射手射中某一环数的概率是局部问题，而全面考察各环数的概率则是涉及随机变量的分布列的全局问题。这也是统计学可以建立在概率基础上来研究的原因所在。因此，很多教师认为“不学概率就无法学统计”。

## 二、学生常犯的错误

(1)错误地理解"随机"这一概念。

在高中阶段开始学习概率时,学生对许多问题还无法进行理性判断,往往只能借助于已有的经验或前概念来进行判断,他们常常会使用可能性、运气、机会、公平等词汇,并根据他们对这些词汇的理解来处理或表达随机问题,很难正确地理解随机事件发生的不确定性及频率的相对稳定性,对日常生活中所发生的一些问题存在错误的认识。

(2)认为"对同一个随机试验,基本事件空间的取法唯一"。

随机试验的每一个可能的结果称为基本事件。基本事件的全体,称为样本空间,通常用字母 $\Omega$ 表示,$\Omega$ 中的点就是基本事件,有时也称作样本点,常用 $\omega$ 表示。基本事件的"基本"二字是相对试验的目的和要求而言的,而不是绝对的,任何一个事件都能划分为基本事件。学生刚接触这一概念时,由于解题思路的局限性往往认为基本事件样本空间 $\Omega$ 的取法是唯一的。对于一个随机试验,基本事件的选取不一定唯一,因而基本事件样本空间 $\Omega$ 的取法也不一定唯一,它随着研究问题的差异而有不同的划分。

例如,对同一目标重复进行两次射击,如果需要查考各次射击的情况,则样本空间含有 4 个基本事件:$\omega_1=(0,0)$,$\omega_2=(0,1)$,$\omega_3=(1,0)$,$\omega_4=(0,1)$,其中 0 表示"未命中",1 表示"命中"。如果只关心命中次数,则样本空间含有 3 个基本事件:$\omega_1=$"命中 0 次",$\omega_2=$"命中 1 次",$\omega_3=$"命中 2 次"。

又如,在讨论掷一颗骰子的问题时,若考虑的是它出现的点数,那么,基本事件是 $B_i=$"出 $i$ 点"$(i=1,2,\cdots,6)$,即 $\Omega=\{B_1,B_2,\cdots,B_6\}$,且 $B_iB_j=\varnothing(i\neq j;i,j=1,2,\cdots,6)$。若研究掷这颗骰子是出奇数点,还是出偶数点,则可以把基本事件选取为 $B_1=$"出 1,3,5 点",$B_2=$"出 2,4,6 点",于是 $\Omega=B_1\cup B_2$,且 $B_1\cap B_2=\varnothing$。

由此可知，对同一样本空间 $\Omega$ 可以有不同的划分。在解决一个具体问题时，恰当选取基本事件，常常有利于更快地解决问题。如上面的出奇数点还是出偶数点的问题，选择后一种划分会更明显、更简捷。

(3)认为“有限基本事件空间中的基本事件都是等可能发生的”。

学生常易将“基本事件有限”与“等概”联系在一起。实际上，有限基本事件空间中的基本事件不一定等概。例如，观察新生婴儿的性别，若令 $\omega_1=$“男孩”，$\omega_2=$“女孩”，则样本空间 $\Omega=\{\omega_1,\omega_2\}$。只含有两个样本点，它是有限的。但是，大家知道，生男孩和生女孩的概率并不相等。各国的统计资料表明，生男孩的概率要稍大一些。在波兰，一段时间内生男孩的概率在 0.571 左右，可见其概率不等于 0.5。在玻色-爱因斯坦统计中，假设样本点不等概；而在马克斯威尔-波尔茨曼统计中，却假设样本点等概。但它们都符合客观实际中的问题，前者适用于所谓玻色子的基本例子，后者却适用于微观世界中的同类例子。

此外，对于同一个随机试验，由于基本事件空间的取法不同，虽然基本事件有限，但在一种情况下可能是等概的，在另一种情况下却是不等概的。

例如，袋中有同样的 3 个白球和 2 个黑球，随机取一球，观察其颜色。若将球编上 1，2，3，4，5，令 $A_i=$“取到第 $i$ 个球”$(i=1,2,3,4,5)$，取 $\Omega=\{A_1,A_2,A_3,A_4,A_5\}$，则 $\Omega$ 中五个样本点是等概的，即 $P(A_i)=\frac{1}{5}$，$(i=1,2,3,4,5)$。

但若令 $\omega_1=$“取到白色的球”，$\omega_2=$“取到黑色的球”，取 $\Omega=\{\omega_1,\omega_2\}$，此时 $\Omega$ 中样本点不再等概，因为 $P(\omega_1)=\frac{3}{5}\neq\frac{2}{5}=P(\omega_2)$。

两种确定基本事件的方式都可以求出“从中取一个球的随机试验中，取到白球”的概率。关键在于要从解决问题的需要出发来确定基本事件，建立适当的概率模型。首先是要能正确地确定基本事件，其次要考虑简便。在上面的例子中，两种确定基本事件的方法都是正确的，但后面的方法更简便。

由此可知，对于同一个有有限基本事件空间的基本事件，可以根据实际情况予以赋概，并非一定要等概。等可能事件是一种特殊的随机事件，在使用公式——$P(A)=\frac{m}{n}$计算概率时，首先应判断每个随机试验可能出现的试验结果是否有限；其次判断所有不同的试验结果的出现是否是等可能的，只有在每一种可能出现的概率下才可用公式。

(4)认为“抽样方式不同则所求事件的概率一定不同”。

一般来说，所求事件的概率与抽样的方式有关。常见的抽样方式有两种：有放回抽样(将抽取到的个体放回后再进行下一次抽取)和无放回抽样(已抽取到的个体不再参与下一次抽取)。大家熟悉的二项分布和超几何分布就是这两种抽样方式下的不同结果。但是，并非抽样方式不同，所求的概率就一定不同。

**例** 3-1　设一个布袋中有形状大小相同的 $a$ 个黑球和 $b$ 个白球，现在随机地一次从中取出一个球，若(1)抽取后放回；(2)抽取后不放回；试分别求第 $k(1\leqslant k\leqslant a+b)$次取出的一个球是黑球的概率。

**解**：(1)由于每次抽取后要放回，故第 $k$ 次抽取时仍有 $a+b$ 个球，其中黑球有 $a$ 个，抽到一个黑球的概率为 $P_k=\frac{a}{a+b}$。

(2)对于每次抽取后不放回的情况，我们设想把 $a+b$ 个球进行编号，若把取出的球依次放在排成一直线的 $a+b$ 个位置上，则可能的排列法相当于把 $a+b$ 个元素进行全排列，总数为$(a+b)!$，把它作为样本点的全体。有利于第 $k$ 次取出的一个球是黑球的样本点有 $a(a+b-1)!$ 个，这是因为第 $k$ 次取到黑球有 $a$ 种取法，而另外 $a+b-1$ 次取球相当于 $a+b-1$ 个元素的全排列，有$(a+b-1)!$ 种，故所求的概率为 $P_k=\frac{a(a+b-1)!}{(a+b)!}=\frac{a}{a+b}$。

注：复旦大学编写的《概率论》中指出，该问题至少有四种求解方法，这里介绍的是其中一种。顺便提及，该问题存在多种解法的原因为这个随机现象可用不同的样本空间来描述。

可见，这个问题中的两种抽取方式得到的概率是相同的。

(5)认为"概率为零的事件一定是不可能事件"。

不可能事件的概率一定是零，即若 $A=\varnothing$，则 $P(A)=0$。但是概率为零的事件却不一定是不可能事件，即若 $P(A)=0$，不一定有 $A=\varnothing$。

例如，在几何概型(见图 3-1)中，设 $\Omega=\{(x,y)\mid 0\leqslant x^2+y^2\leqslant 4\}$，$A=\{(x,y)\mid x^2+y^2=1\}$。$\Omega$ 为圆域，而 $A$ 为其中一圆周，则 $P(A)=\dfrac{A\text{ 的面积}}{\Omega\text{ 的面积}}=\dfrac{0}{4\pi}=0$。

显然，$A$ 是可能发生的(若向 $\Omega$ 内随机投点，点落在圆周 $x^2+y^2=1$ 上是可能的)。

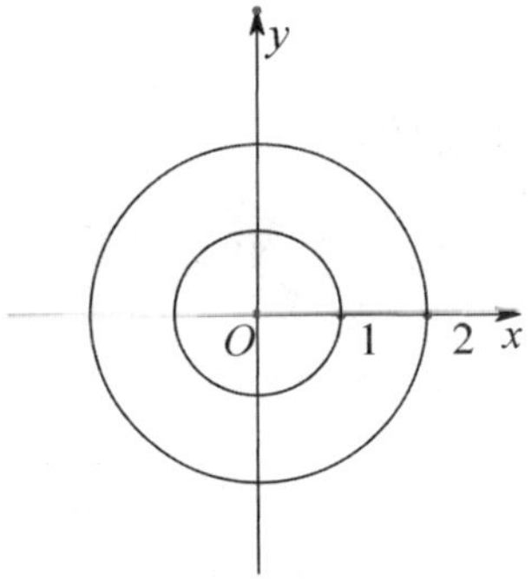


图 3-1

又如，对于连续型随机变量，它在个别点取值的概率为零，但它并非不能取到那个值。易知，对于基本事件有限(比如古典概型)或可数的情况，若 $P(A)=0$，则 $A=\varnothing$。

(6)认为“概率为1的事件一定是必然事件”。

必然事件的概率一定等于1,即若 $A=\Omega$,则 $P(A)=1$。但概率等于1的事件不一定是必然事件,即若 $P(A)=1$,不一定有 $A=\Omega$。在上面的几何概型一例中,$\bar{A}=\Omega-A=\{(x,y)\mid 0\leqslant x^2+y^2\leqslant 4, x^2+y^2\neq 1\}$,故 $P(\bar{A})=P(\Omega)-P(A)=1-0=1$。

但 $\bar{A}$ 显然不是必然事件 $\Omega$(若向 $\Omega$ 内随机投点,有可能不落在 $\bar{A}$ 上而落在 $A$ 上)。

又如,对于连续型随机变量,除去某一个点的值以外的概率仍为1,但它不是必然要发生的。易知,对于基本事件有限(比如古典概型)或可数的情况,若 $P(A)=1$,则 $A=\Omega$。

(7)认为“若 $P(A)=P(B)$,则一定有 $A=B$”。

若事件 $A=B$,则 $P(A)=P(B)$。但反之不一定成立,即若 $P(A)=P(B)$,不一定 $A=B$。例如,在几何概型(见图3-2)中,若用相应的区域表示随机投点落入它内部的事件,令 $\Omega=\{(x,y)\mid 0\leqslant x^2+y^2\leqslant 4\}$,$A=\{(x,y)\mid 0\leqslant x^2+y^2\leqslant 1\}$,$B=\{(x,y)\mid 0\leqslant x^2+y^2\leqslant 4, x\geqslant 0, y\geqslant 0\}$,则有

$$P(A)=\frac{A\text{ 的面积}}{\Omega\text{ 的面积}}=\frac{\pi}{4\pi}=\frac{1}{4},$$

$$P(B)=\frac{B\text{ 的面积}}{\Omega\text{ 的面积}}=\frac{\frac{1}{4}\pi\times 2^2}{\pi\times 2^2}=\frac{1}{4},$$

故 $P(A)=P(B)$。

但由于 $A$ 为小圆,而 $B$ 为大圆在第一象限的扇形,因此 $A\neq B$。

易知,对于基本事件有限(比如古典概型)或可数的情况,若 $P(A)=P(B)$,则 $A=B$。显然,上面第5条和第6条都可以看作是这一条中 $B=\varnothing$ 或 $B=\Omega$ 的特殊情况。

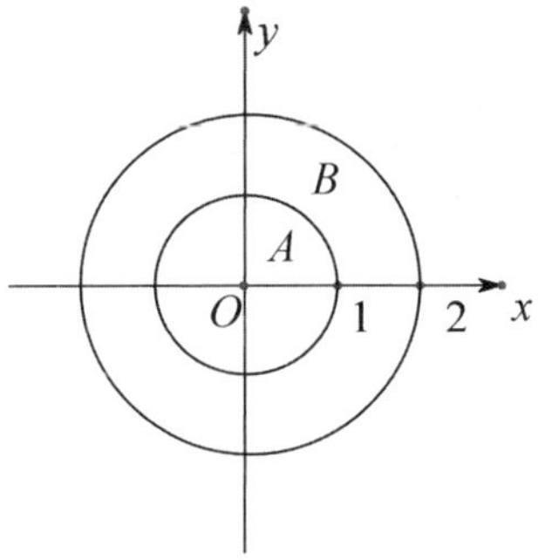


图 3-2

(8)认为“若 $P(A\cup B)=P(A)+P(B)$ 或 $P(A\cdot B)=0$，则 $A,B$ 一定互斥”。

若事件 $A,B$ 互斥，则 $P(A\cup B)=P(A)+P(B)$，但反之不成立，即若 $P(A\cup B)=P(A)+P(B)$，却不能认为事件 $A,B$ 互斥。

例如，在几何概型(见图 3-3)中，令 $\Omega=\{x\mid 0\leqslant x\leqslant 4\}$，$A=\{x\mid 1\leqslant x\leqslant 2\}$，$B=\{x\mid 2\leqslant x\leqslant 3\}$。

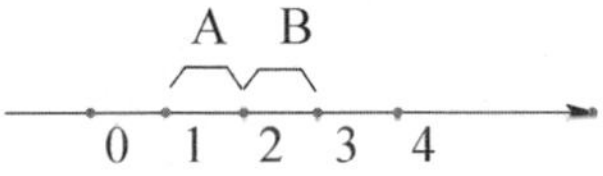


图 3-3

则有

$$P(A)=\frac{A\text{ 的长度}}{\Omega\text{ 的长度}}=\frac{1}{4},$$

$$P(B)=\frac{B\text{ 的长度}}{\Omega\text{ 的长度}}=\frac{1}{4},$$

$$P(A\cup B)=\frac{A\cup B\text{ 的长度}}{\Omega\text{ 的长度}}=\frac{1}{2},$$

故 $P(A\cup B)=P(A)+P(B)$。

但事件 $A,B$ 却不是互斥的，因为它们含有公共的样本点 $x=2$，即

$A\cap B\neq\varnothing$。

易知，对于基本事件有限或可数的情况，若 $P(A\cup B)=P(A)+P(B)$，则事件 $A$，$B$ 互斥。

若事件 $A$，$B$ 互斥，即 $AB\neq\varnothing$，则有 $P(A\cdot B)=0$，但反之不一定成立，即若 $P(A\cdot B)=0$，事件 $A$，$B$ 不一定互斥。例如，在上面的例子中，显然$P(A\cdot B)=0$，但 $A\cdot B=\{x\,|\,x=2\}\neq\varnothing$。由于 $P(A\cup B)=P(A)+P(B)-P(A\cdot B)$，对任何两个事件都成立。因此，$P(A\cup B)=P(A)+P(B)$与 $P(A\cdot B)=0$ 是等价的。

(9)认为“若 $P(A)+P(B)=1$，则 $A$，$B$ 一定互为对立事件”。

若 $A$，$B$ 互为对立事件(逆事件)，即 $A\cup B=\Omega$，且 $A\cap B=\varnothing$，则 $P(A)+P(B)=1$；但反之不成立，即若 $P(A)+P(B)=1$，则事件 $A$，$B$ 不一定相互对立。

例如，在几何概型(见图 3-4)中，令 $\Omega=\{x\,|\,0\leqslant x\leqslant 3\}$，$A=\{x\,|\,0\leqslant x\leqslant 1\}$，$B=\{x\,|\,1\leqslant x\leqslant 3\}$，则有

$$P(A)=\frac{A\text{ 的长度}}{\Omega\text{ 的长度}}=\frac{1}{3},$$

$$P(B)=\frac{B\text{ 的长度}}{\Omega\text{ 的长度}}=\frac{2}{3},$$

所以 $P(A)+P(B)=1$。但 $A\cdot B=\{x\,|\,x=1\}\neq\varnothing$，即 $A$，$B$ 不是相互对立的事件。

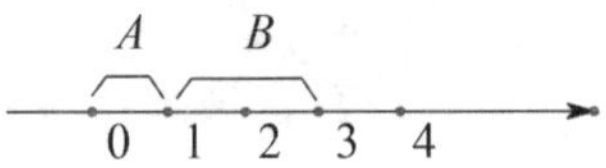


图 3-4

(10)认为“若 $P(A)\leqslant P(B)$，则一定有 $A\subset B$”。

若两个事件 $A$，$B$ 之间有关系 $A\subset B$，则相应的概率有关系 $P(A)\leqslant P(B)$；但反之不成立，即不能由 $P(A)\leqslant P(B)$得出 $A\subset B$。

例如，在几何概型(见图 3-5)中，令 $\Omega=\{x\,|\,0\leqslant x\leqslant 4\}$，$A=\{x\,|\,0\leqslant$

$x\leqslant 2\}$，$B=\{x\mid 1\leqslant x\leqslant 4\}$，则有

$$P(A)=\frac{1}{2}<\frac{3}{4}=P(B),$$

显然，事件 $B$ 没有包含事件 $A$。

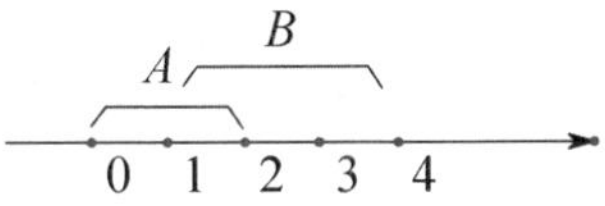


图 3-5

(11)认为“若 $P(ABC)=P(A)P(B)P(C)$，则 $A,B,C$ 一定两两独立”。

三个事件 $A,B,C$ 相互独立是指它们满足下面四个条件：

$$P(AB)=P(A)P(B),\quad P(BC)=P(B)P(C),$$
$$P(CA)=P(C)P(A),\quad P(ABC)=P(A)P(B)P(C)。$$

由三个事件 $A,B,C$ 相互独立的最后一个条件 $P(ABC)=P(A)P(B)P(C)$ 成立，不能推得前三个条件成立，即不能断定它们两两独立。

例如，若有一个均匀的正八面体，其第 1,2,3,4 面染有红色，第 1,2,3,5 面染有绿色，第 1,6,7,8 面染有黑色。现在以 $A,B,C$ 分别表示投一次正八面体出现红、绿、黑颜色的事件，则

$$P(A)=P(B)=P(C)=\frac{4}{8}=\frac{1}{2},$$

由于只有第 1 面染有三种颜色，故

$$P(ABC)=\frac{1}{8}=P(A)P(B)P(C)。$$

但是，因第 1,2,3 三个面染有红、绿两种颜色，故 $P(AB)=\frac{3}{8}\neq\frac{1}{4}=P(A)P(B)$，因只有第 1 个面染有绿与黑、红与黑两种颜色，故

$$P(BC)=\frac{1}{8}\neq\frac{1}{4}=P(B)P(C),$$

$$P(AC)=\frac{1}{8}\neq\frac{1}{4}=P(A)P(C),$$

可见 $A,B,C$ 不是两两独立的。

这也同时表明，由 $P(ABC)=P(A)P(B)P(C)$ 不能断定 $A,B,C$ 相互独立。

(12)认为“若 $A,B,C$ 两两独立，则 $A,B,C$ 一定相互独立”。

若 $A,B,C$ 相互独立，显然一定两两独立(因前面三个条件满足)。但是，若 $A,B,C$ 两两独立却不一定相互独立，即前面三个等式成立不能推出第四个等式也成立。

例如，一个均匀的正四面体，其第 1 面染成红色，第 2 面染成绿色，第 3 面染成黑色，而第 4 面同时染成红、绿、黑三种颜色。$A,B,C$ 分别表示投一次四面体出现红、绿、黑颜色的事件，由于在四面体中有两面为红色，因此，$P(A)=\frac{1}{2}$，同理 $P(B)=\frac{1}{2}$，$P(C)=\frac{1}{2}$。

又因仅有一个面同时有红与绿、绿与黑、红与黑两种颜色，故

$$P(AB)=\frac{1}{4}=P(A)P(B),$$

$$P(BC)=\frac{1}{4}=P(B)P(C),$$

$$P(CA)=\frac{1}{4}=P(C)P(A),$$

所以，$A,B,C$ 两两独立。

但是 $P(ABC)=\frac{1}{4}\neq\frac{1}{8}=P(A)P(B)P(C)$，因此 $A,B,C$ 不相互独立。

下面再看一个更常见的例子。

**例** 3-2　在 4 张相同的卡片上分别记以数码 2，3，5，30，从中随机抽

取一张，令 $A$＝“抽到 2 的整倍数”，$B$＝“抽到 3 的整倍数”，$C$＝“抽到 5 的整倍数”。试判断 $A,B,C$ 是否相互独立。

**解：**由题设知 $\Omega=\{2,3,5,30\}$，$A=\{2,30\}$，$B=\{3,30\}$，$C=\{5,30\}$，$AB=BC=CA=ABC=\{30\}$。

故

$$P(AB)=\frac{1}{4}=P(A)P(B),$$

$$P(BC)=\frac{1}{4}=P(B)P(C),$$

$$P(CA)=\frac{1}{4}=P(C)P(A),$$

则 $A,B,C$ 两两独立。

但 $P(ABC)=\frac{1}{4}\neq\frac{1}{8}=P(A)P(B)P(C)$，故 $A,B,C$ 不相互独立。

(13)误用概率的加法公式和乘法公式。

事件间的“互斥”与“相互独立”是学生理解上的一个难点，学生常常把它们弄混而计算错误。在同一随机试验中，两个事件互斥表明两个事件不可能同时发生；两个事件相互独立表明一个事件的发生与否对另一个事件发生的概率没有影响。考查学生鉴别“互斥”与“相互独立”的能力是考查学生分析和解决问题能力的重要一环。

**例** 3-3　(1)一项工程甲承包的概率为 $\frac{1}{3}$，乙承包的概率为 $\frac{1}{4}$，丙承包的概率为 $\frac{1}{5}$，求甲、乙、丙三家公司中有一公司承包的概率；

(2) 对同一目标射击 3 次，第 1，2，3 次射击的命中率分别为 $\frac{1}{3}$，$\frac{1}{4}$，$\frac{1}{5}$，求 3 次射击恰有一次命中目标的概率。

**分析：**(1)三个公司承包同一工程，若被其中一个公司承包了，就不可能被另一个公司承包，故三个公司承包同一工程这一事件属于互斥事件。设“甲、乙、丙承包工程”分别为事件 $A,B,C$，则

$$P(A\cup B\cup C)=P(A)+P(B)+P(C)=\frac{1}{3}+\frac{1}{4}+\frac{1}{5}=\frac{47}{60}。$$

(2)射击同一目标，首次射中目标与否对下次射击没有影响，故对同一目标射击 3 次属于相互独立事件。设“第 1,2,3 次击中目标”分别为事件 $A,B,C$，则 3 次射击中恰好有一次击中目标的概率为

$$P(A\,\overline{B}\,\overline{C})+P(\overline{A}B\,\overline{C})+P(\overline{A}\,\overline{B}C)=\frac{13}{50}。$$

判断事件的互斥与相互独立不是根据公式的计算来证明的，而是根据具体情况，具体分析事件的关系。互斥的事件一般比较容易判别，但应用公式时要牢记公式成立的条件，不能机械套用，要学会举一反三，触类旁通。

**例** 3-4　袋中有 4 个球，其中 2 个红球，1 个黄球，1 个白球。每次任意取 1 个，有放回的取 4 次，求无红球或无黄球的概率。

错解：记“有红球”为事件 $A$，“有黄球”为事件 $B$，则“无红球或无黄球”记为 $\overline{A}+\overline{B}$。

$$P(\overline{A})=\left(1-\frac{1}{2}\right)^4=\frac{1}{16},$$

$$P(\overline{B})=\left(1-\frac{1}{4}\right)^4=\frac{81}{256},$$

$$P(\overline{A}\cup\overline{B})=P(\overline{A})+P(\overline{B})=\frac{1}{16}+\frac{81}{256}=\frac{97}{256}。$$

**剖析：**公式 $P(A\cup B)=P(A)+P(B)$ 成立的条件是 $A$ 和 $B$ 是两个互斥事件。根据题设条件，“无红球”与“无黄球”并不是两个互斥事件，因为每次任取 1 个球，有放回的取 4 次，它们有可能都是白球，即 $A$ 和 $B$ 能同时发生。

**正解：**$P(\overline{A}\cup\overline{B})=P(\overline{A})+P(\overline{B})-P(\overline{A}\cdot\overline{B})$

$$=\frac{1}{16}+\frac{81}{256}-\frac{1}{256}=\frac{3}{8}。$$

检验两个事件是否相互独立，并非易事。特别在应用题中，往往不能（或者很难）证明，通常是采取假定（或者默认）的办法。例如，两个人同时射击某一目标，默认是否命中目标是相互独立的。但仅仅凭直觉判断事件的独立性，是很容易犯错误的。事实上，事件之间的独立性与基本事件空间的选取有关。

(14)凭直觉判断事件的独立性。

在求解和独立性有关的概率问题时，常根据问题的实际情况（比如各次射击命中与否、各机床运转是否正常等），凭经验和直觉判定事件之间是否相互独立。因此，学生很容易认为按定义 $P(AB)=P(A)P(B)$ 判定事件 $A,B$ 的独立性的作用不大。实际上，凭直觉不一定总能正确判断出事件之间的独立性。

**例** 3-5 一个家庭中有若干个小孩，假定生男孩和生女孩是等可能的，令 $A=$“一个家庭中有男孩，又有女孩”，$B=$“一个家庭中最多有一个女孩”，对下述两种情况，讨论 $A$ 与 $B$ 的独立性：(1)家庭中有两个小孩；(2)家庭中有三个小孩。

**解**：(1)对于有两个小孩的家庭，基本事件空间为 $\Omega_1=\{$(男，男)，(男，女)，(女，男)，(女，女)$\}$。由等可能性知，它的 4 个基本事件概率各为$\frac{1}{4}$。这时 $A=\{$(男，女)，(女，男)$\}$，$B=\{$(男，男)，(男，女)，(女，男)$\}$，$AB=\{$(男，女)，(女，男)$\}$。$P(A)=\frac{1}{2}$，$P(B)=\frac{3}{4}$，$P(AB)=\frac{1}{2}$，因此 $P(AB)\neq P(A)P(B)$，故事件 $A,B$ 不相互独立。

(2)对于有三个小孩的家庭，基本事件空间为 $\Omega_2=\{$(男，男，男)，(男，男，女)，(男，女，男)，(女，男，男)，(男，女，女)，(女，男，女)，(女，女，男)，(女，女，女)$\}$。由等可能性知，这 8 个基本事件的概率均为$\frac{1}{8}$，

这时 $A$ 中含有 6 个基本事件；$B$ 中含有 4 个基本事件，$AB$ 中含有 3 个基本事件。于是

$$P(A)=\frac{6}{8}=\frac{3}{4},\quad P(B)=\frac{4}{8}=\frac{1}{2},\quad P(AB)=\frac{3}{8},$$

因此 $P(AB)=P(A)P(B)$，故事件 $A$，$B$ 相互独立。

若离开定义仅凭直觉，很难对这个问题作出正确的判断。此例题表明：在不同的基本事件空间中，两个事件的独立性不一定相同。

**例** 3-6　随机抽取一个数，记 $A$＝“抽到 2 的倍数”，$B$＝“抽到 3 的倍数”，若它分别是从(1)1，2，…，12 这 12 个数中抽取；(2)1，2，…，11 这 11 个数中抽取。试分别讨论事件 $A$，$B$ 的独立性。

**解**：显然 $AB$＝“抽到 6 的倍数”。

在情况(1)中，$\Omega_1=\{1,2,\cdots,12\}$，因为 $P(A)=\frac{1}{2}$，$P(B)=\frac{1}{3}$，$P(AB)=\frac{1}{6}$，所以 $P(AB)=P(A)P(B)$，这时事件 $A$，$B$ 相互独立。

在情况(2)中，$\Omega_2=\{1,2,\cdots,11\}$，因为 $P(A)=\frac{5}{11}$，$P(B)=\frac{3}{11}$，$P(AB)=\frac{1}{11}$，所以 $P(AB)\neq P(A)P(B)$，这时事件 $A$，$B$ 不相互独立。

可见在 $\Omega_1$ 和 $\Omega_2$ 这两个不同的基本事件空间中，$A$，$B$ 的独立性不相同。此时不能仅从 2 和 3 是互素的，就不看基本事件空间直接断定 $A$，$B$ 相互独立。

(15)混用条件概率公式与乘法公式。

计算概率缺乏理论依据，一般从题目当中都能判断出要求解的目标事件是否具有附加条件，从而选择正确的公式。用乘法公式计算 $P(AB)$ 时，哪一个事件先发生，就选择以那个事件为条件的公式。如事件 $A$ 先发生，就选择公式 $P(AB)=P(A)P(B|A)$ 来计算 $P(AB)$。这个规则实际上类似于排列组合原理中的乘法原理。假设事件 $A$ 先发

生，那么在事件 $A$ 发生的基础上事件 $B$ 的发生与否就顺理成章，其概率计算也很直观，用来计算 $P(AB)$ 也就显而易见的，符合人们的逻辑思维。这从另一方面可以解释概率值的乘法含义。

**例 3-7**　袋中有 5 个白球，6 个黑球，陆续取出 3 个，求顺序为黑白黑的概率。

**分析：**有两个最基本的方法可以求解。

**解法 1：**由概率的古典定义可得 $P=\dfrac{A_6^1A_5^1A_5^1}{A_{11}^3}=\dfrac{6\times5\times5}{11\times10\times9}$。

**解法 2：**用乘法公式求解。由于球的摸取跟顺序有关，设事件 $A_i=$“第 $i$ 次取到黑球”，$A=$“取出的三个球顺序为黑白黑”。则

$$P(A)=P(A_1\overline{A}_2A_3)=P(A_1)P(\overline{A}_2|A_1)P(A_3|\overline{A}_2A_1)=\frac{6}{11}\times\frac{5}{10}\times\frac{5}{9}。$$

此结果恰为古典定义公式的简单分解形式，也与排列组合原理中的乘法原理计算方法相同。

(16)忽视公式 $P_n(k)=C_n^kp^k(1-p)^{n-k}$ 应用的条件。

贝努利概型所解决的问题具有两个明显的特色——$n$ 次重复独立试验，每次试验的可能结果只有两个：事件 $A$ 发生或不发生。设每次试验中事件 $A$ 发生的概率为 $p$，则在 $n$ 次重复独立试验中，事件 $A$ 发生 $k$ 次的概率为 $P_n(k)=C_n^kp^kq^{n-k}(k=0,1,2,\cdots,n)$，其中 $P(A)=p$，$p+q=1$。因此，在试验确定为贝努利概型后，才可以套用公式进行计算，否则易犯错误。

**例 3-8**　现有零件 100 个，其中 10 个次品，每次从中任取一个，取后不放回，求第三次才取得正品的概率。

**解法 1：**设 $A_i=\{$第 $i$ 次取得次品$\}(i=1,2,3)$。设疑：所求概率为 $P(A_1A_2\overline{A}_3)$，还是 $P(\overline{A}_3|A_1A_2)$？

前者表示从 100 个零件中不放回且排序地每次任取一个，连续抽取 3 次得到 3 个零件看作一次试验，也可以用从 100 个零件中不放回且排

序地一次抽取 3 个零件看作一次试验，有 8 种可能结果：$A_1A_2A_3$，$A_1A_2\bar{A}_3$，$A_1\bar{A}_2A_3$，$\bar{A}_1A_2A_3$，$\bar{A}_1A_2\bar{A}_3$，$A_1\bar{A}_2\bar{A}_3$，$\bar{A}_1\bar{A}_2A_3$，$\bar{A}_1\bar{A}_2\bar{A}_3$。

注意：这里每一种结果都是复合事件，与本题“试验”相符。

后者表示在事件 $A_1A_2$ 已发生的条件下，事件$\bar{A}_3$ 发生的概率。在事件 $A_1A_2$ 已发生的条件下，把只取一个零件看作一次试验，在这个试验中，事件$\bar{A}_3$ 可能发生，也可能不发生，共有 $A_1A_2A_3$ 和 $A_1A_2\bar{A}_3$ 这两种结果，它把$\bar{A}_1\bar{A}_2\bar{A}_3$等 6 种其他可能结果排除在外，与本题“试验”不符。

故所求概率为 $P(A_1A_2A_3)=P(A_1)P(A_2|A_1)P(\bar{A}_3|A_1A_2)=\frac{10}{100}\times\frac{9}{99}\times\frac{90}{98}\approx 0.00835$。

**解法 2**：设 $A$=“第三次才取得正品”=(次品，次品，正品)，把从 100 个零件中不放回且排序地任取 3 个零件看作一次试验，则从 100 个零件中任取 3 个的每一个排列就是一个基本事件。则

$$P(A)=\frac{m}{n}=\frac{A_{10}^2A_{90}^1}{A_{100}^3}=\frac{10\times 9\times 90}{100\times 99\times 98}\approx 0.00835。$$

重复而不独立的试验由波利亚在 1923 年提出，1949 年菲得曼又重新研究的有后效罐子模型是一个相依的重复试验。它说的是在一个罐子中装有黑球和红球，在每一段规定的时间间隔内随机地取出一个球，若每次抽取之后，会使取出红球的可能性增加或者减少。这样一来，它对应一个成分可以改变的罐子，其成分因顺序抽取的结果的某种规则而改变。复旦大学编写的《概率论》中给出了一个特殊的情形，稍加改变即可用以说明我们的问题。设罐子中装有 $a$ 个黑球及 $r$ 个红球，随机地从中取出一个球，加入 $c(c\neq 0)$个与所抽取的球同色的球，并将原球放回，再进行第二次抽取，这样进行了 $n$ 次。我们来考虑试验的独立性问题。

若以 $A_i$ 表示“第 $i$ 次摸出是红球”这一事实$(i=1,2,\cdots,n)$，则有

$$P(A_1)=\frac{r}{a+r},\quad P(A_2|A_1)=\frac{r+c}{a+r+c},$$

$$P(A_2)=P(A_1A_2)+P(\bar{A}_1A_2)=\frac{r}{a+r}。$$

这里的 $P(A_2|A_1)\neq P(A_2)$ 表明事件 $A_1$ 与 $A_2$ 不独立，因而各试验是不独立的。

当 $c=-1$ 时，即常说的“不放回抽样”时，这时显然不是一个重复独立试验。

(17)区分不清事件 $A$ 发生 $k$ 次、事件 $A$ 第 $k$ 次才发生以及事件 $A$ 第 $k$ 次发生。

在掌握了“独立重复”这一概念的基础上，还要进一步明确在 $n$ 次独立重复试验中，事件 $A$ 发生 $k$ 次、事件 $A$ 第 $k$ 次才发生以及事件 $A$ 第 $k$ 次发生的关系。

**例** 3-9　某射手射击一次，击中目标的概率是 0.9。他连续射击 4 次，且各次射击是否击中目标相互之间没有影响，有下列结论：

(1)他第 3 次击中目标的概率是 0.9；

(2)他恰好击中目标 3 次的概率是 $0.9^3\times0.1$；

(3)他至少击中目标一次的概率是 $1-0.1^4$。

其中正确结论的序号是__________(写出所有正确命题的结论的序号)。

**解析：**由题意知这是独立重复试验问题。第 3 次击中目标与第 1、第 2 次击中目标没有关系，所以(1)正确；恰好击中目标 3 次的概率应该是 $C_4^3\times0.9^3\times0.1$，所以(2)错误；“至少击中目标一次”可以由其对立事件求得其概率是 $1-0.1^4$，所以(3)正确。所以正确命题的结论的序号应该是(1)和(3)。

解决此题时还要注意不要与“第 3 次才击中”相混淆。“第 3 次才击中”表明前两次都没击中，其概率应该是 $0.1^2\times0.9$，这种情形与第 3 次击中目标和恰好击中目标3次是不同的。当遇到至少有一次时，我们应该对其进行合理的转化，把其转化为对立事件问题。

## 第二节　概率教学中误区发生的根源分析及相应对策

新课标在理念、内容上都有较大变化，要实现概率的教学目标，教师是关键。教师首先应转变观念，充分认识数学课程改革的理念和目标。教师不仅是课程的实施者，而且是课程的研究、建设和资源开发的重要力量。为了更好地实施新内容，教师应积极地探索和研究，提高自身的教学专业素质和教育科学素质。针对概率教学中存在的误区，笔者给一线教师提出以下应对策略。

### 一、注重从心理学角度激发学生学习兴趣

苏霍姆林斯基说过，兴趣是最好的老师。而教育学和心理学的研究表明，只有当学习的材料与学生已有的知识和生活经验相联系时，学生对学习才会有兴趣。在素质教育不断深化的今天，时代要求数学教师在教学中要加强所授知识与学生的生活、现代社会科技发展的联系。根据学生个体情绪、兴趣、思维、意识等方面的差异，灵活地、创造性地使用教材，通过设计生动有趣、适合学生水平的现实情境，在学生的最近发展区选择最佳教学方式，促使学生自主参与，引导学生观察、分析、推理、判断，使学生在获得数学知识的同时，认识到数学原来就来自我们身边的现实世界，数学是认识和解决现实生活、工作中很多问题的有力武器，从而激发学生对数学学习的激情和兴趣。譬如可以利用日常生活中经常会遇到的以下问题进行引导：

(一)随机与投保

古语有云："天有不测风云，人有旦夕祸福"，说明了生活中的风险具有不确定性，保险业由此应运而生。若保险期内风险频繁发生(投保意

外伤害险的人在保险期内频繁受伤），则保险公司不就亏本了吗？让学生进行课前调查，课上交流各自的调查结果，展开讨论并作出回答。答案显然是肯定的。我们知道，随机事件呈现出一定的规律性。虽然单个人遭受意外伤害具有不确定性，但人数众多时，遭受意外伤害的频率具有稳定性。根据统计结果，保险公司可以制定保险费与损失赔款的额度。长远来看，投保人越多，保险公司的实际赔付就会越接近预期结果。

（二）天气预报

天气预报这样表达："明日有雨的概率为 60%"，这个 60%意味什么？学生们对这句话有很多错误的理解，比如"明天有 60%的时间下雨""明天有 60%的地区下雨"等。教师应归纳概括：考察历史上的天气记录，如果和明天在气压、云层、温度等天气条件方面大致相同的天数是 100 天，其中有 60 天降雨了。不能从概率的统计定义来解释天气预报，即不能用频率近似作为概率，因这一事件不能进行大量重复试验。如何理解"虽然预报今天济南的降水概率是 70%，北京的降水概率是 90%，但是济南今天降雨了，北京没降雨"这一现象？从概率的角度解释，"今天降雨"是一个随机事件，今天济南的降水概率是 70%，北京的降水概率是 90%，只是说明今天北京降雨的可能性比济南大，并不表示今天北京一定下雨。如果济南今天降雨了而北京没降雨，表明可能性较小的事件发生了，而可能性较大的事件却没有发生，这正是随机事件发生的不确定性的体现。

（三）生日问题

某班级有 $n$ 个人（$n\leqslant 365$），问至少有两个人的生日在同一天的概率是多少？对不同的 $n$ 值，计算的相应的概率 $P(A)$ 值如下表：

| $n$ | 10 | 20 | 23 | 30 | 40 | 50 |
|---|---|---|---|---|---|---|
| $P(A)$ | 0.12 | 0.41 | 0.51 | 0.71 | 0.89 | 0.97 |

上表所列的答案是足以引起许多人惊奇的，并不像大多数人直觉中想象的那样小，而是相当大。从表中可以看出，当班级中的人数为 23

时，有半数以上的班级会发生这样的事情，而当班级的人数达到50时，有97%的班级会发生上述事件(选修课中会学习如何计算该问题)。当然，这里讲的“半数以上”“有97%”都是就概率而言的，只有在多次重复下(这就要求班级的数目相当多)才可以理解为频率。

对于利用学生熟悉的、发生在他们身边的现象抽象出的教学材料，一方面能将学生较好地、自然地引入知识情境中来，并能使学生体会到数学与生活的联系密切，能进一步理解数学知识应用的广泛性；另一方面还能帮助学生澄清一些日常生活中存在的错误认识。新教材中增添了不少与现实联系十分密切的内容，为数学教师提供了宽广的知识平台，为进行富有特点的数学教学创造了有利条件。

## 二、注重概率知识与相应的现实模型相联系的教学原则

通俗地讲，概率知识的学习与现实模型相结合的原则就是要学生研究身边感兴趣的概率现象。学生是在数学活动中掌握并应用数学的，结构主义发生认识论的创立者皮亚杰认为儿童智慧、思维的发展是通过儿童主体的认知结构从物理环境和社会环境的经验之间的同化和顺应的相互作用——活动而实现的，认知结构是儿童在自己的活动中逐步建构起来的。因此我们可以认为，概率教学可以与学生的生活背景相联系，以激发学生的学习兴趣，并应从多个现实模型的问题中概括出概率模型。在概率学习中，可以通过大家都熟悉的背景(如彩票、摸球、排队等)展开问题。

概率教学必须与现实模型相联系的教学原则要求教师在备课时必须广泛联系、深入挖掘各种现实模型，多一些现实原型，少一些凭空杜撰，否则就不是现实模型。另外，这一原则也指明了教师的教学设计的重要性，知识经过包装后更容易被学生接受，但这种包装最好是不露痕迹的，以保持其现实性。

例如，教师可引导学生计算“在10张彩票中，有2张是有奖的，先由

甲后由乙各抽一张，看谁中奖的概率大”。具体从理论上可以这样推算，对第一个抽奖者甲来说，他从10张彩票中任意抽一张，“甲中奖”即甲抽到2张奖票中任一张的概率为$P_1=\frac{2}{10}=\frac{1}{5}$。对第二个抽奖者乙来说，“乙中奖”这一事件可看成互斥事件“甲乙都中奖”与事件“甲不中乙中奖”的并。只研究前两次抽奖，甲从10张彩票中任意抽一张有10种可能，乙从剩下的9张任抽一张有9种可能，甲乙抽奖的情况共$10\times9=90$种，事件“甲乙都中奖”即甲从2张奖票中任意抽一张有2种可能，乙抽得另一张奖票，共$2\times1=2$种，故甲乙都中奖的概率为$\frac{2\times1}{10\times9}=\frac{1}{45}$。对于事件“甲不中乙中奖”，甲从无奖的8张奖票中任意抽一张有8种可能，乙从2张奖票中任意抽一张有2种可能，共$8\times2=16$种，故甲不中乙中奖的概率为$\frac{8\times2}{10\times9}=\frac{8}{45}$。由以上分析知，“乙中奖”的概率为$P_2=\frac{1}{45}+\frac{8}{45}=\frac{1}{5}$。因此，第一个人抽到奖票和第二个人抽到奖票的概率都是$\frac{1}{5}$。通过类似的分析，可知每个人抽到奖票的概率都相等。

由上面问题的结论可知，尽管抽签的顺序有先有后，但只要不让后抽的人知道先抽的人抽出的结果，那么各个抽签者中签的概率是相等的。正因为如此，在人们常用抽签的方法决定一件事情，无论是先抽还是后抽（后抽的人不知道先抽的人抽出的结果），对每个人都是公平的，与抽签的先后次序无关。此现实模型不但验证了平常各种规则的公平性，而且激发了学生的学习兴趣，取得了较好的教学效果。

## 三、注重加强概率知识的概念教学

数学概念是数学思维的载体，是构成数学学科的基本成分。《普通高中数学课程标准(实验)》指出，高中概率教学的核心问题是让学生了解随机现象与概率的意义。通过实例，学生在具体的情景中了解有关概念的意义，并能解决一些简单的实际问题。新的课程理念为概率的概念教学指明了方向，而在一些传统的高中数学课堂教学中，概念的教学具有灌输与练习倾向，这样的传统教学模式影响了学生学习数学概念的效率和质量。为了有效提高概率概念教学的教学质量，需要教师在教学中重视以下几个方面：

(1)加强意象表征，正确形成概率有关概念。

在数学概念教学中，不少教师重视概念的形成定义分析，只看到概念范例的不完全性的缺陷，而在概念理解与运用的积极意义方面认识不足，不能将概念的典型范例与形式定义有机地结合起来进行教学，从而轻视了概念的意象表征作用，使概念教学失去了形象直观的表征意义，也就增加了学生形成、理解和记忆概念的难度。

概率中很多概念来自日常生活。学生在学习这些概念之前，就已经有了对它们的表象，如中奖率、可能性、机会、胜率等日常用语就表达了概率定义的某个侧面(描述性定义)，而且学生也可以通过比例将它们量化。在高中阶段，教师通过实例对概率、等可能事件、互斥事件、独立事件等概念进行描述性说明，在教学中一般不从抽象的形式化定义出发，而是重在理解其意义，不拘泥于文字叙述，在相应的数学活动中理解概念。例如，在介绍古典概型时，讨论摸球问题、生物学的基因遗传规律、抛掷骰子问题、涂色问题等；在介绍几何概型时，讨论撒豆问题及随机模拟的例题；在讲解互斥事件的应用时，讨论射击问题等；在介绍超几何分布时，通过抽样来分析合格品和不合格品的分布，进而分析产品的质量问题；在介绍独立事件时，讨论电路问题等。

(2)呈现正例与反例，加深对概率概念本质的认识。

正例传递的信息最有利于概括，有助于总结出概率有关的共同特征；反例传递的信息最有利于辨别，有利于加深对概念本质的认识。通过正例与反例的辨识，新的概念与已有认知结构中的相关概念产生分化和贯通，强化学生对新旧概念本质的理解。比如：

互斥和独立是学生很难区分的两个概念。独立性是事件间的概率属性，而互斥是指事件间本身的关系。学生常弄不清 $A,B$ 相互独立与 $A,B$ 互斥的关系，误认为：若 $A,B$ 相互独立，则 $A,B$ 应是毫无关系的，

因而 $A,B$ 不应该同时出现，从而 $AB=\varnothing$，所以独立一定互斥。事实上恰恰相反，若 $A,B$ 独立，通常它们是不互斥的，即 $AB\neq\varnothing$。因为如果它们互斥，$A$ 出现、$B$ 就一定不出现，这就与独立性的要求“$A$ 的出现与否，对事件 $B$ 出现的概率没有影响”相矛盾了。我们可通过如下反例加深对两个概念的分化的认识。例如，令 $\Omega=\{1,2,3,4,5,6\}$，$A=\{2,4,6\}$，$B=\{3,6\}$，此时 $AB=\{6\}\neq\varnothing$，即 $A,B$ 是不互斥的，而 $P(AB)=\frac{1}{6}=P(A)P(B)$，即事件 $A,B$ 相互独立。因而 $A,B$ 独立同 $A,B$ 互斥不能同时成立。据统计，学生在解答高考概率试题时，多数出错根源在于未分析正确事件 $A,B$ 的关系，误用 $P(AB)=P(A)P(B)$ 来求解事件 $AB$ 的概率。

(3)探究解决问题，强化对概率概念的理解。

为了强化学生对概念的本质理解，需要提供一些在实际中应用概念的机会。这种应用概念的机会是多种多样的，从做一定数量的练习、探究解决问题，到阅读数字资料、写作数学小论文等活动，都可以有效地深化学生对概念的理解和认识。

例如，条件概率是学生很难理解的一个概念。对于条件概率，每一个随机试验都是在一定条件下进行的，且试验结果的部分信息已经知道(即在原随机试验的条件下再加上一些附加信息)。有时我们会碰到这样的情况，即已知某一事件 $B$ 已经发生，要求另一事件 $A$ 发生的概率。我们可通过如下问题的探究，加深学生对条件概率与无条件概率的区别的理解。考虑有两个孩子的家庭，假定男孩和女孩的出生率一样，则两个孩子(依大小排列)的性别为(男，女)(男，男)(女，男)(女，女)的可能性是一样的。若 $A=$“随机选取的一个家庭中有一男一女”，则显然 $P(A)=\frac{1}{2}$，但是如果预先知道这个家庭中至少有一个女孩，那么上述事件的概率为 $\frac{2}{3}$。两种情况下算出的概率不同。这是因为在第二种情况下，我们多知道了一个条件：事件 $B$ ($B=$“这个家庭至少有一个女孩”)发生，因此我们算得的概率事实上是“在已知事件 $B$ 发生的条件下，事

件 $A$ 发生”的概率，这个概率记为 $P(A|B)$。在给出条件概率严格定义之前，先考虑一些特殊的场合。根据上述例子，总的可能出现的次数 $n=4$，有利场合数 $m=2$，因此 $P(A)=\frac{1}{2}$。假如已知事件 $B$ 发生，即至少有一个女孩，那么总的可能出现的次数 $m_B=3$，而有利场合（至少有一个女孩而且有一男一女）数 $m_{AB}=2$，因此，$P(A|B)=\frac{2}{3}=\frac{m_{AB}}{m_B}=\frac{m_{AB}/n}{m_B/n}=\frac{P(AB)}{P(B)}$。

在一般场合，我们将把这个算式作为条件概率的定义，记 $P(A|B)=\frac{P(AB)}{P(B)}$，并称 $P(A|B)$ 为在事件 $B$ 发生的条件下事件 $A$ 发生的条件概率。

又例如，有 1000 件产品（其中甲乙两车间生产的各占 500 件），含有 40 件次品（其中甲车间 25 件，乙车间 15 件），从中任取一件，设 $A$ 表示“取到次品”，$B$ 表示“取到甲车间产品”，$\bar{B}$ 表示“取到乙车间产品”，则

抽到次品的概率为 $P(A)=\frac{40}{1000}=0.04$，

甲车间的次品率为 $P(A|B)=\frac{25}{500}=0.05$，

甲车间的产品的概率为 $P(B)=\frac{500}{1000}=0.5$，

那么抽到甲车间的次品的概率为 $P(AB)=P(B)P(A|B)=0.5\times 0.05=0.025$；

又因为乙车间的次品率为 $P(A|\bar{B})=\frac{15}{100}=0.03$，

乙车间的产品的概率为 $P(\bar{B})=\frac{500}{1000}=0.5$，

那么抽到乙车间的次品的概率为 $P(A\bar{B})=P(\bar{B})P(A|\bar{B})=0.5\times 0.03=0.015$；

这里 $P(A)$ 是无条件概率，它与条件概率 $P(A|B)$ 和 $P(A|\bar{B})$ 都不相等，同时，$P(AB)$ 与 $P(A|B)$ 不同，$P(A\bar{B})$ 与 $P(A|\bar{B})$ 也不同。关于这一点学生不易理解和接受，教师应着重加以分析。最后，再分析“抽到次品”的概率问题。它涉及“抽取的是哪一个车间的产品”的问题，可能是甲车间产品，也可能是乙车间产品，但 $P(A)$ 并不是条件概率，而是无条件概率。如果已知抽到的次品是甲车间产品（或乙车间产品），则就是求条件概率 $P(A|B)$ 或 $P(A|\bar{B})$，现在虽然还不知道这一点，但它的一切可能结果是已知的，或者是甲车间的，或者是乙车间的。除此以外，没有其他情况，这就启发我们试图把 $A$ 分解为两个互不相容的事件之和，即 $AB\cup A\bar{B}$，并且仅当 $AB$ 与 $A\bar{B}$ 之一发生时 $A$ 才发生。即

$$A=AB\cup A\bar{B},$$

$$\begin{aligned}P(A)&=P(AB)+P(A\bar{B})\\&=P(B)P(A|B)+P(\bar{B})P(A|\bar{B})\\&=0.04。\end{aligned}$$

通过对例子的分析，由无条件概率过渡到条件概率，这是概率概念教学的有效方法。这样做可以使学生更容易理解条件概率的概念以及它与之前学的无条件概率的关系，又为高等数学全概率公式的引入作了铺垫。

总之，在概率概念教学中，教师应该从实际出发组织课堂教学，采取多种方法和手段指导学生主动地建构正确的概念，尽可能地使学生自己建构的概念不断地与概率概念的本质靠近。毕竟，确切理解随机现象与概率概念是正确分析、解答概率问题的基础。

## 四、注重教学模式体现新课程的理念

《普通高中数学新课程标准》明确指出：“人们在学习数学和运用数学解决问题时，不断经历直观感知、观察发现、归纳类比、空间想象、抽象概括、符号表示、运算求解、数据处理、演绎证明、反思与建构等思维过

程。”新的课程理念注重培养学生的思维能力的过程，这给了我们很大的启示，为高中概率教学指明了方向。实际上，对随机现象的探索过程正是直观感知、合情推理、运算求解、反思与建构的过程。为了培养学生的随机性数学意识，顺利完成高中概率教学目标，教学的关键不是怎样搞题海战术，而是如何在教学过程中充分体现直观感知与运算求解对随机现象与概率概念理解的重要作用。因此，在概率的教学模式上，应把握好以下三个方面以体现新课程的理念：

(1)转变教育观念，改进教师的教学方式。

在实施教学时，教师首先要改变旧的教育观念，真正树立起与新课程相适应的、体现素质教育精神的教育观念，突出“以学生发展为本”的理念，明确教育是通过学科教育来最终实现人的教育。观念转变，教学设计也应随之而变。教学设计应体现情境引入理念、设计上的创造性理念、展示知识探索的过程理念、学法的主动合作性理念等。

因此，改进教师的教学方式是概率教学的内在要求。由于概率中存在着大量的活动，需要学生通过亲自参与活动来学习概率的内容，掌握数据处理的方法。这些活动将会极大地促进教师与学生地位的根本改变。教师将由传统的知识传授者转变为活动的参与者、引导者、合作者，由传统的教学支配者、控制者转变为学生学习的组织者、促进者和指导者，由传统的静态知识占有者转变为动态的研究者。学生将由被动接受知识的容器转变为活动学习的设计者、主持者、参与者。教师应该意识到，在解题过程中套用模式来解决概率问题往往是不奏效的，原因是概率统计的随机性使得模式具有多样性和不重复性。机械地模仿只能解决常规问题，只会使思维僵化，无益于解决活的问题，更无益于创造性能力的提高。

(2)经历探究过程，改善学生的学习方式。

由于学生过去接触的主要是确定性事物，对于不确定性的概率，在碰到具体问题时，仍然不会或不善于应用已经学过的概率知识进行定量地分析，往往还习惯于借助经验和直观来解决问题。教师要避免形成这样一种观念，即只有运用理论的方法才能得出正确解答。

因此，在教学中，只有给学生提供大量实践机会，让学生亲自经历与概率有关的问题探究活动，使他们有意识地从概率的角度考虑有关问题，可以通过试验来验证，也可以通过概率理论的计算或推理来进行证明，甚至还可以用计算机的模拟来进行说明。教师可设计活动让学生通过参与活动学习概率。

例如，让每个学生实际掷硬币 100 次（不限方法），记录正面朝上的次数。汇总全班（或两个教学班）的数据，计算并讨论以下问题：(1)正面出现的概率为多少？(2)“出现 50 次正面”的概率为多少？

又如，甲、乙两个学生做掷硬币的游戏。任意掷一枚硬币两次，如果两次朝上的面相同，甲获胜；如果两次朝上的面不同，乙获胜。请问，这个游戏公平吗？

再如，同桌两人事先分别选定“奇数”和“偶数”，然后掷出两个骰子，并依据骰子点数之和的奇偶来决定胜负。请问，这个游戏对双方公平吗？

在以上学习活动中，可以采用“分组合作进行探索—全班交流—教师引导提问—学生总结”的教学模式。在活动开始前，请学生猜测试验结果，并说明理由。在活动过程中，教师要善于倾听学生的分析思路，正确提出引导问题，全面地评价学生，强调对所学知识和方法的理解和应用，避免单纯的计算。

教师设计一些既有意义又有兴趣的活动，可以鼓励学生积极投入这些活动中，留给他们足够的动手实践、独立思考和自主探索的时间和空间，让学生经历“提出猜测—收集和组织数据—分析试验结果—建立理论的概率模型”的试验过程，体会随机事件结果的不确定性和统计规律性，正确地认识基本事件，建立正确的概率直觉。

(3)开展课题研究，发展学生的应用意识。

学以致用是新课程的一大特征。由于概率与现实生活存在着非常密切的联系，教师应积极引导学生开展与概率相关的课题研究，如学校周围交通堵塞情况的调查、对自己所喜欢的体育比赛的研究、从概率角度看赌博与摸彩的异同点等，为学生创设独立思考与合作交流相结合的探究情景。教师还可以推荐一些有代表性的论文作示范，然后根据概率内容给学生编拟一些参考选题，指出相应的参考书目。同时，教师应鼓励和引导学生利用实习、社会调查等活动提出问题，运用所学知识进行调查研究，并编写调查报告或小论文，诸如“事件的概率及其解法”“若干问题的概率解决法”“概率模型化的解题方法”等都是一些非常好的问题。虽然学生未必能写出什么有新意的文章，但只要学生真正动了脑筋，学习目的就已经达到了。解决实际问题和写小论文的根本目的在于促使学生积极开动脑筋，学会查阅参考资料，形成思考和钻研问题的意识和习惯。

作为学生学习活动的引导者和帮助者，教师应尽可能采用“质疑—猜测—交流—验证”的教学模式，使学生能用数学的眼光来观察所处的客观世界，让学生主动地发现问题、解决问题，深化用概率解决实际问题的意识，并以此来培养和发展他们的数学应用意识。

## 五、注重提高教师“教”的教学论起点

从教学论角度来说，为了达成学生对数学知识的“再发现、再创造”，教师的教学艺术不可或缺，而且将会成为重要因素。现阶段，“教”的因素影响和制约着“学”的因素，“学”的因素通过“教”的因素发挥作用，但主体性的发挥与教师的数学观、教育价值观和教学艺术水平密切相关。

目前，教师的“教”制约高中概率教学的因素主要有三方面。首先，大多数高中教师对应试教育情有独钟，应试教育观念的惯性使高中教师不易理解“再创造数学”“建构主义”“元认知”等新课程的教育理念，当然这些教育理念在中学教师中也没有得到应有的重视。其次，高中数学教师对小学和初中的概率统计知识的内容及要求缺乏深刻的了解。近几年，教材更新的速度快，造成很多高中数学教师在这部内容的教学中遇到相当大的困难。最后，大多数教师认为考试中的概率问题主要是考察公式应用，因此在概念教学上安排较少的课时，在公式应用和计算能力训练方面多投入课时，这种教学直接导致了学生对公式的死记硬背和题海式训练。

因此，教师要深入对教材的研究，更新对概率教学的观念，提高自身的教育教学水平。对于教师在概率教学中常犯的误区，教师要有更深层次的认识。

排列组合是计算等可能事件的概率的常用工具，但是并非必用工具。在有些场合下，倘若能抓住所研究问题的本质属性，也可避开排列组合计算，使得计算更加简捷。美国数学教育家波利亚曾表示，任何概率问题都可以与一个装球的问题相比拟，而任何大量随机现象在某些本质方面可以看作从一个袋子中连续取球。与这种摸球模型相比，等可能事件的模型有的抽象，有的直观。有的模型过多地强调排列组合技巧，把排列组合作为必用工具，使问题抽象化。而有的模型是直观化的，使问题转化得更具体，加深了学生对等可能事件意义的理解。虽然等可能事件概率（古典概型）的计算主要基于排列组合，但在高中概率教学中，若过多地强调排列与组合技巧，会使学生丧失真正解决概率问题的能力。从思维方式上说，学习等可能事件的重点应该放在建立随机观念上。怎样去选定一个恰当的、实现随机化的机制，所建构的模型是否实现了实际问题的等可能性，才是求解等可能事件的概率的关键。排列组合的思想虽然也是解决问题的关键，但建立在随机观念之下的排列组合才是解决概率问题的最佳途径。

对于“不学概率就没法学统计”这个问题，首都师范大学教授（博导）兼高中课标研制组负责人张怡慈老师给出了详细回答：从根本上来说，概率和统计最初的产生完全是来自两个完全不同的领域，统计产生的非常早，早在远古的时候人们就已经开始统计国家的人口等问题。所以，概率和统计并没有一个学科上的必然的逻辑关系。但是，随着社会的发展，统计的数据不再是一个普查的数据，例如数全班有多少人，而是带有随机性的数据，因此从理论基础来说，统计的确用到概率的一些知识。但是，对于现在的中学来讲，并不需要从理论上对统计做理论的概率的分析，也不需要建立一个很抽象的概率模型，只要求学生在高中阶段对随机现象有一个初步认识。通过学习，学生能认识到数据具有随机性，可以被处理、统计。由于统计的核心思想是从数据里提取信息，随机性对它有干扰,因此就要考虑怎么排除干扰,并提取信息。它的实质问题是提取信息的问题,所以并不一定要学了很多概率的知识才能学统计。即使学了中学的概率,对于统计的理论分析也是远远不够的,在实质上对学生并没有很大的帮助,只是统计上常用的平均数、众数与概率均值、方差有一定的联系。但是,即使学了概率,也没有在这方面将它们联系起来,更没有真正地理解它们的联系,因为这是比较困难的,不在中学讨论的范围之内。所以按现在的标准来讲,学习统计就是通过案例,通过实际问题,让学生理解统计是如何从数据里提取信息的,它有许多不同的方法。对于如何排除随机干扰,不应该通过学习概率,用概率的基础去研究它,这都不是中学要讨论的问题,即使是在大学里研究统计的人,也不需要研究。许多实际工作者也不需要,只有极少数专门搞数理统计研究和纯理论分析的专家才做这样的工作。从目前的发展趋势来看,确实需要大量的人从事统计工作。它基本上就是一种社会统计,不需要太多的基础,只需要掌握统计方法,统计人员能够去操作,能够在实践中应用就可以了。在统计里,所谓的"随机"就是抽样的随机,因此我们要让学生知道抽样有代表性。另外,由于样本不确定,因此结论有随机性。这些知识只需了解就可以了,至于具体怎么从这些数据里提取信息,这是统计的核心问题,这些问题并不需要很多的概率知识。

最佳教学实践需要将知识理论、教学观念与教学方法进行整合,以实现教学过程到教学目标的跨越。教师通过设计可信任的、和谐又具挑战性的教学情景,帮助学生克服学习障碍,引导和启发学生正确认识、理解知识,注重发挥学习主体的能动作用,培养学习兴趣,坚持正确的激励导向,从而实现知识到应用的跨越。

# 第四章　概率初步教学实验研究

课程的实验研究是课程实施的重要准备，也是教学研究的基础和依据。教学设计方案是否具有可行性，还要经过实践的检验才能得到认可。

## 第一节　实验准备

（一）实验目的说明

本课题的实验研究以《高中数学课程标准》为指导，加深学生对随机现象的理解。通过实验、实例或反例，来澄清学生在概率学习中出现的误区；通过学习目标的达成情况，来检验目标分类模式在概率初步学习模块中是否有明显的教学效果。

（二）实验对象选取

1.教材选取

本实验采用的教材是人民教育出版社出版的普通高中课程标准实验教科书。

2.学生选取

本实验样本选取王老师在山东省实验中学高一任教的两个平行班的学生，学习成绩属于中等的学生比较有代表性。在学习概率之前，两个班的学习基础相对平均，班与班之间也比较均衡。

3.班级选取

选取由王老师授课的两个班，尽量降低无关变量的影响。

(三)实验过程设计

本实验的研究过程设计如下:前测—教学实施—实验结果检测—实验结果分析—结论—问题与反思。

## 第二节 教学实验实施与分析

实验前期准备完成后,开始组织实施教学实验,实验按照以下程序进行:

(一)前测

在实验开始之前,学生已经完成了必修第一册的学习,将最近的两次数学考试成绩作为前测的一项成绩,得到如表 4-1 所示数据。

**表 4-1 学生前测成绩**

| 比较项目 | 期中考试 | | 期末考试 | |
|---|---|---|---|---|
| | 平均分 | 标准差 | 平均分 | 标准差 |
| 实验班 | 76.2 | 19.3 | 78.7 | 18.1 |
| 对照班 | 76. 5 | 15.7 | 77. 5 | 15.4 |

以上两次考试是由学校统一组织的大型考试,从命题到考试组织、阅卷都十分规范、严格,具有较高的信度和效度。前测结果显示平均分基本相似,说明两个班的学生的数学学习水平基本相同,没有明显差异。实验班的样本标准差比对照班高,说明实验班的测前学习成绩不均衡,而对照班相对均衡一些。

(二)教学措施

两个班采取不同的授课方式,实验班按照教育目标分类的教学模式进行,具体措施如下:

(1)提前把教学安排和教学目标与要求印发给学生,做好预习;

(2)对不同的教学目标采用不同的教学活动,引导学生结合实验、实例或反例,积极参与课堂活动;

(3)及时采用适当的方式进行目标达成检测，比如课堂提问、随堂测试等。

对照班采用的教学方式主要是讲练结合，按教材组织顺序按部就班地组织教学，延续以前的授课方式。对于作业和练习，两个班保持相同，课后辅导时间注重两个班保持平衡。

（三）实验结果检测

教学效果的检测主要采取测验的方式。在教学内容完成后，安排两个班进行测验。选用的测试题（见附录三）经过了各位优秀教师的仔细设计和挑选，保证了题目的效度。测验时两个班同时进行，严格要求，由笔者给所有试卷阅卷，避免评分标准误差，具有较高的信度。测试实验的数据分析如下：

1.成绩统计分析

成绩统计分析如表4-2所示，成绩对比如图4-1所示。

**表4-2　成绩统计分析**

| 项目 | 实验班 | 对照班 |
|---|---|---|
| 考试人数 | 50 | 50 |
| 平均分 | 88.80 | 69.00 |
| 最高分 | 100 | 90 |
| 最低分 | 50 | 40 |
| 偏斜度 | −1.365 77 | 0.009 778 |
| 峰值 | 3.711 835 | 0.039 527 |
| 中位数 | 90 | 70 |
| 标准差 | 9.724 197 | 10.816 65 |
| 离散程度 | 10.950 67 | 15.676 31 |

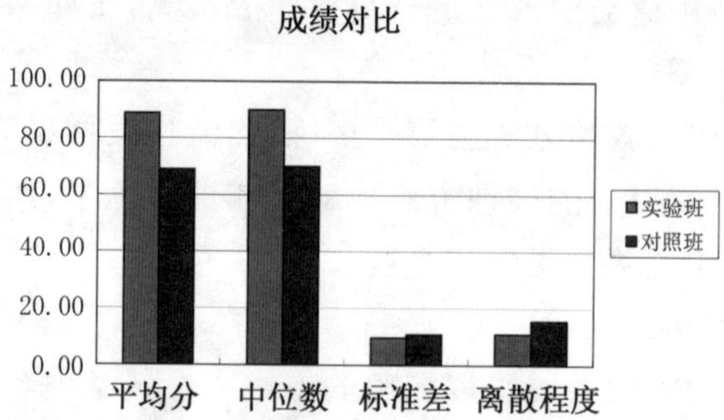


图 4-1

测验结果分析:测验结果显示实验班的成绩优于对照班,并且实验班的学生成绩不均衡状况大大改善,而对照班的学生成绩分布状况变化不太明显。

2.每题得分率对比

每题得分率如表 4-3 所示,每题得分率对比如图 4-2 所示。

**表 4-3　每题得分率**

| 题号 | 实验班(%) | 对照班(%) |
|---|---|---|
| 1 | 98 | 100 |
| 2 | 96 | 94 |
| 3 | 36 | 46 |
| 4 | 96 | 88 |
| 5 | 92 | 64 |
| 6 | 96 | 98 |
| 7 | 96 | 30 |
| 8 | 84 | 22 |
| 9 | 98 | 56 |
| 10 | 100 | 94 |

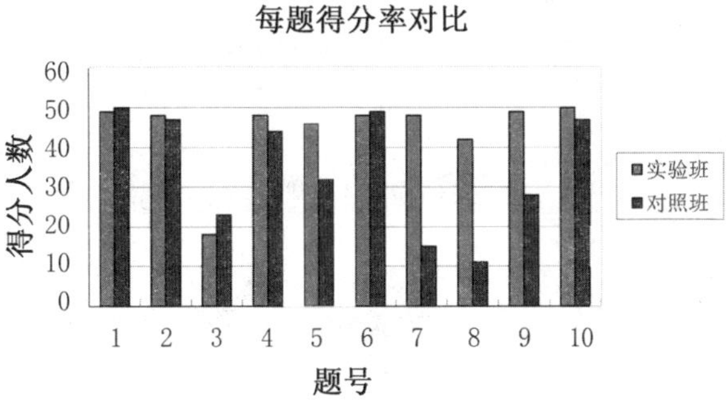


图 4-2

测验结果分析：除第 1 题和第 3 题外，实验班的每题得分率都高于对照班，尤其是第 7 题和第 8 题高出 60%多。

3.题目分类得分率对比

题目分类得分率如表 4-4 所示，题目分类得分率对比如图 4-3 所示。

**表 4-4　题目分类得分率**

| 分类汇总 | 实验班（%） | 对照班（%） |
|---|---|---|
| 1～2 题 | 97 | 97 |
| 3～5 题 | 75 | 66 |
| 6～10 题 | 95 | 60 |

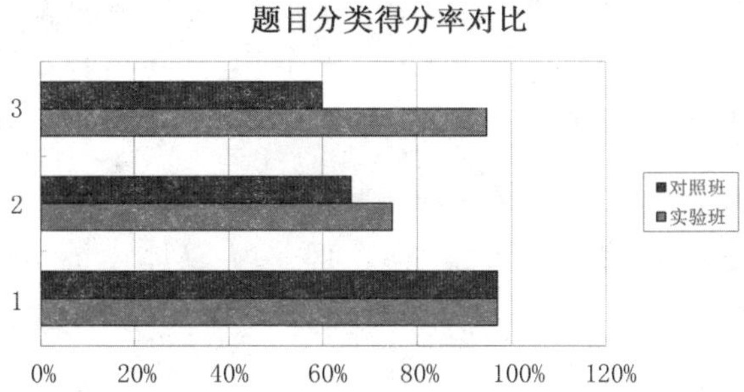


图 4-3

测验结果分析：十道测验题共分为三大类。第一类题目考察对随机的理解，两个班的得分率无差别；第二类题目考察概率概念的掌握，实验班的得分率稍高于对照班；第三类题目考察概率公式的应用，实验班的得分率远远高于对照班。

## 第三节　实验结论

通过教学实验与实验结果分析，经过数位有经验的教师的共同分析研究得出以下结论：

(1)基本教育目标分类的教学策略对概率初步的教与学具有良好的促进作用，对于学生从整体上把握概率的内容是有帮助的。在教学中对不同的误区选用有针对性的对策，有利于学生把握重点和难点问题。

(2)概率初步的学习过程既要注重概率概念的理解，又要重视公式应用方面的训练。

(3)教学要重视案例的选取，重视激发学生的学习兴趣，从简单有趣的案例入手，让学生循序渐进地领悟概率的内涵。让学生经历“认知—模仿—理解—运用—分析—评价”的过程是目标教学的指导思想。

(4) 数学教师掌握知识的程度将直接影响到概率知识的教学效果。

## 第四节　问题与建议

由于本次实验时间较短，考虑的因素难免有遗漏，特别是因条件限制使实验范围偏小，只在一个学校的两个班中进行，反映出的实验结果缺少全面的代表性。另外，在实验的一些环节中，由于对控制变量的分析有欠周全之处，从一定程度上影响了实验结果，比如教师的情感态度在两个班中可能存在潜意识的影响。但是从总体上看，本次实验还是具有客观说服性的，所得出的结论可以为广大一线数学教师的教学提供一些新的思路。

另外，为帮助学生克服学习中存在的困难，结合新课程概率初步内容的实验结论，提出以下几点教学建议：

(1)注重揭示日常生活中的错误直觉，加深学生对随机思想的理解。

在教学中，应尽量克服学生日常生活中的错误直觉。斯蒂恩曾说过，由于概率的基础在数学上颇为简单，因此很容易忽视概率概念与直觉想法的冲突范围。一旦直观的想法稳固地建立起来，在中学时期学生很难去掉，甚至当学生能够正确回答典型的测验问题时，仍然会保留对概率概念的误解。例如弗伞问题，在教学中要减少使用以防万一和预言结果法（如会下雨，降水概率＜50%，比较降水概率和不降水概率等）等错误想法，因为这些思想在很多学生心中存在，并且可能是根深蒂固的，这些错误想法会影响学生的正常推理。有关的实验已经表明：所有得到建立的直觉不仅不可能简单地被取代，更有一种自动强化的趋势。显然，这也就更为清楚地表明了直觉所可能造成的危害程度以及纠正错误直觉的困难性。

在概率的教学中，对学生容易产生误解的地方，譬如出现频率明显偏离概率，这种情形是随机现象的特性，建议用实验帮助学生理解。例如，扔一百枚均匀硬币，41 个为正面，59 个为反面，是不奇怪的。有些错误想法在心理上是根深蒂固的，即使学了一些概率统计知识，也不会一下就能被纠正。例如，当一个人买彩票时，尽管他知道了每个数出现的机会相同，但他在心理上还是愿意选取出现频率最多的或最少的数字。又如，学过概率后，即使人们知道抽签与顺序无关，但在实际生活中碰到抽签的事时，还是会拼命地抢，争取先抽到。因此，培养学生的随机意识是一个长期过程，教师应注重通过一些具体问题的讨论，加深学生对随机思想的理解。

(2)注重解决概率问题思路的多样性，提高学生灵活解题的能力。

学生对概率内容的掌握总体处于中等水平，学生对概率概念的正确理解程度对概率学习产生了直接影响。在概率解题教学中，重视对各种事件概率的理解与应用，理解概率模型的特点。在实际问题中重视培养学生识别事件的能力，而不是把精力放在套用公式上，强化解答概率问题的通性通法。仔细审题，弄清题意，先判断所求问题是什么事件的概率，然后分类型求解，同时对典型例题可采用多种思路去解决。通过编拟一些貌似相同，但本质意义明显不同的题组，在解题过程中纠正那些常见错误。通过辨析、反思，揭示概念的本质，开阔学生的视野，以达到灵活解题的目的。

在解决概率中的计数问题时,可采用灵活多样的方法,如枚举法、树形图、茎叶图等方法,切不可过早练习排列组合计数法。假如一项活动包括多种方式,每种方式又有多种可能的结果,那么计算所有可能结果是较复杂的,因此可用图示的方式加以枚举。

(3)注重概率与其他数学知识的联系,培养学生的数学应用意识。

数学的发展既有内在动力,也有外在动力。在高中数学的教学中,要注重加强数学的不同分支和不同内容之间的联系、数学与日常生活的联系、数学与其他学科的联系。

高中数学新课程是以模块和专题的形式呈现的。因此,教学中应注意沟通各部分内容之间的联系,通过类比、联想、知识的迁移和应用等方式,使学生体会知识之间的有机联系,感受数学的整体性,进一步理解数学的本质,提高解决问题的能力。近几年的高考题中就设计了与日常生活非常贴近的概率综合题,较好地挖掘了传统内容与新增内容的内在联系,体现了其他高中数学知识与概率知识的自然交汇。这对学生学好概率知识、提高学生应用意识和创新能力、优化学生的思维有着很好的导向作用。此外,教学过程中还要注意数学与其他学科及现实世界的联系。

教学过程、教学理念和教学方法的创新对提高教学质量、完成教学目标具有重要意义。教学目标的实现是一个教学的过程化管理问题,教学过程、理念和方法的创新将会增强教学的适应能力,创造提高教学质量的机会,获得满意教学效果的最佳收益。为确保教学过程的质量和有效性,降低教学过程中不增加任何价值的无意义劳动,发挥教师在教学过程中的引导和启发的核心作用,需创设一个和谐又具挑战性的学习情景和知识认知情景,通过相对完整的知识结构和逻辑关系来引导、启发学生的认知,丰富学生的认知经验,提高学习和经验曲线的效用,促进学生理解力和智力的发展。

# 第五章　高中概率教学案例分析及研究

基于前面的阐述和分析，在整体的教学设计中，应注重培养学生发现问题、提出问题、分析问题和解决问题的能力，通过核心概念和基本思想方法的教学，培养学生学会用数学的眼光观察世界，用数学的思维思考世界，用数学的语言表达世界，提升学生的数学核心素养，最大限度地发挥概率内容的育人价值。本章讲述了概率的三个典型案例分析，以便更好地进行教学研究。

## 第一节　《频率与概率》案例分析

### 一、内容和内容分析

概率的思想和方法是人们判断、决策日常行为的重要方法，特别是在大数据时代，对于有一定生活经验的中学生来说，计算某个事件发生的频率并由此推断该事件发生的概率显得尤为重要。本节课是人民教育出版社出版的高中数学选择性必修第二册第十章第三节第一课时的内容，学生在初中初步学习概率统计知识的基础上进一步探索频率与概率的关系，既是对频率知识和随机事件的概念的延伸，也是为今后进一步研究古典概型、几何概型和选修中的概率统计作铺垫，在教材中起着承上启下的作用。

根据课程标准和学情分析，综合利用多种版本教材对本节课的内容的处理，向学生们介绍概率发展史中著名的数学家、数学实验和数学定理。通过简单随机事件的动手实验和微机模拟实验，让学生更好地感知

“用频率估计概率”的必要性和合理性，进一步理解随机事件发生的不确定性及频率的相对稳定性；通过尝试解决实际生活中遇到的问题，学生能体会到这一方法运用的广泛性，澄清日常生活中对身边所发生的一些问题的错误认识。同时，在活动中进一步发展学生合作交流的意识和能力，注重学生的德育教育。

## 二、目标和目标分析

根据本节课的教学内容以及新课标对本节课的教学要求，可确定以下教学目标：

(1)经历各种实验过程，了解随机事件发生的不确定性和频率的稳定性，体会“用频率估计概率”的必要性和合理性；

(2)通过概念的生成过程，理解频率与概率的区别与联系，发展学生的辩证唯物主义思想；

(3)通过尝试解决实际生活中遇到的问题，体会这一方法运用的广泛性，提高数学应用意识。

教学重点：理解用频率估计概率的合理性。

教学难点：理解频率与概率的异同。

根据以上目标的确定，教学上力求体现两个意识（创新意识、应用意识）和四种能力（探究能力、建模能力、交流能力、实践能力）。通过学生动手实验、计算机模拟实验、师生合作交流来突出重点、突破难点，进而达到预期的教学目标。

## 三、教学问题诊断分析

新课标要求通过实际问题学习概率统计知识，强调让学生通过解决实际问题，较为系统地经历数据收集、处理、分析与决策的全过程。本节课很好地对统计方法和概率思想进行了有机整合，通过对大量数据进行汇总、计算、分析得出频率，进而推测随机事件发生的概率，这也是本节课内容的主旨。尽管初中教材内容已有频率与概率的初步认识，但什么时候、什么条件下，事件发生的频率能估计概率？如何创设合理、公正的实验方案探求事件发生的概率？这两点是本节教学的重点和难点。实验方案的优劣直接影响实验数据的准确度，进而影响事件概率的真实度。突破难点的最好途径是让学生经历实验、统计等活动的过程，理解当实验次数较大时实验频率稳定于理论概率，并可据此估计某一事件发生的概率，从而提升学生运用概率统计知识解决实际问题的能力，这也符合新课标对学生学习概率统计学的要求。

1.知识基础

在初中阶段，学生已经学习了随机事件、等可能事件、事件的概率等基本概念，已学会计算简单的等可能事件的概率，并了解了用实验的方法去估计随机事件的概率的思想方法。

2.生活经验

学生在现实生活经验的基础上，很容易接受事件具有不确定性和不可预见性，但对许多问题还无法进行理性判断，他们常常会使用可能性、运气、机会、公平等词汇，并根据对这些词汇的理解来处理或表达随机问题。

## 四、教法与学法分析

### （一）教法分析

创新意识、应用意识、探究意识、操作能力是当前素质教育最应考虑的问题。“概率”的概念是中学生最难以理解的概念之一，理解频率的稳定性与概率的关系是理解概率概念的关键。因此，本节课将贯彻“教师为主导，学生为主体，探究为主线，知识为基础，应用为目标”的教学原则，采用“汇报展示、合作探索”的教学方法，在学生已有知识的基础上，利用学生身边的事例激发学生的学习探求欲望，突出课堂教学的实验性和探究性，培养数学应用意识，真正体现素质教育的精神。

### （二）学法分析

美国著名数学教育家波利亚明确指出，学习任何东西的最好途径是自己去探究发现。为了让学生在具体情境中体会概率的统计定义，动手实验与收集资料就是最好的途径。教师课前提出具体的任务单让学生合作完成，可以大大提高课上效率。课堂不是教师的一言堂，而是学生探究的乐园。汇报成果既可以完整展示学生的思路、过程，又提高了课堂效率，学生的补充交流可以更好地激起思维的火花，让学生做到“三动”（形动、心动、神动），逐步养成良好的学习习惯。

## 五、教学支持条件分析

为了有效实现教学目标，借助 PPT、Excel 图表和计算机模拟等辅助教学工具，增强知识的直观性，增大课堂容量，真正实现高效课堂。对基础薄弱的学生，课后可通过教师自制的微课进行解疑。

## 六、教学过程设计

### （一）课前设计

在初中阶段，学生已经学习了随机事件、等可能事件、事件的概率等基本概念，学会了计算简单的等可能事件的概率，并了解了用实验的方法去估计随机事件的概率的思想方法。因此，课前教师可以布置本节课的任务单。

以数学小组为单位，课前完成以下任务：

(1)查阅有关资料，了解概率发展的历史。

(2)设计一个求某个随机事件发生可能性大小的实验方案。

(3)概率与频率有何关系？如何给概率再下个定义？

(4)体会事件的概率与哪些因素有关。

(5)概率在生活中有哪些应用？

备注：以小组为单位完成任务，制作 PPT 并详细阐明研究过程。

预期成果为：

(1)通过小组收集资料或动手制作实验汇报，学生能对频率与概率的关系有一定的初步认识。

(2)在自主学习与合作交流中，学生能正确理解概率的统计定义。

(3)学生能够利用“频率估计概率”这一方法解决简单实际问题。

(4)学生的探究能力、语言表达能力和信息素养得到提高。

**设计意图：**让学生设计实验，即学生自己出主意、想方法，其目的是使学生明确实验的目的，理解并把握实验程序及意义，进而在实验中不断地校验自己的行为，克服被动执行教师的指令而不知所为的弊端。通过课前任务单，学生经历了"猜测—实验设计—收集数据—分析实验结果—估计概率"的完整过程，初步体会科学研究的基本过程。这样的设计活动也有利于发展学生的自我监控能力，有利于提高学生的原认知水平，使学生的学习活动达到"做中学"的水平，从而培养学生的创新意识和综合能力。

（二）课中设计

课上以数学小组为单位，以课前任务单为提纲，每个小组推选一名代表汇报自己小组对哪些问题感兴趣，以及做了哪些工作。

1.汇报展示，形成概念

活动1：收集材料的小组汇报概率发展史中著名的数学家、数学实验和数学定理。

**设计意图：**通过介绍概率发展史中著名的数学家、数学实验和数学定理，学生能够认识到"用频率估计概率"这一思想方法在概率发展进程中的重要历史地位，从而对概率的了解更丰富，对这部分知识的学习更感兴趣。

活动2：动手实验的小组汇报抛掷硬币实验的数据统计分析，并介绍数学家的实验结果。

**设计意图：**以小组合作的方式进行实验可以增加实验次数，同时可以在实验中促进学生的合作意识和交流能力。学生之前的实验结果可能与结论有出入，这是学生有疑惑的地方，也是本节课主要内容的生成点。通过观察历史上数学家关于掷硬币的实验数据，结合自己动手实验的数据，从中得出结论：当实验次数较大时，实验频率稳定于理论概率；同时，进行大量重复实验也体现了数学研究的严谨性，体会了数学家研究的艰辛付出。

活动3：计算机模拟实验的小组演示自编程序的实验成果。

**设计意图：**通过小组合作初步感受频率变化的基本特征，并利用计算机的模拟功能，在短时间内完成大量的实验，以弥补学生动手实验次数不足可能产生的“误差”，增加学生对结论的认可程度，同时学生也可以进一步体会事件发生的随机性、大量性、可重复性，使频率的稳定性更容易被观察，也说明了“用频率估计概率”的合理性。

活动4：师生对小组汇报的内容进行概括总结，并引出概率的统计定义。

概率的统计定义：一般地，在 $n$ 次重复进行的试验中，事件 $A$ 发生的频率为 $\frac{m}{n}$，当 $n$ 很大时，总是在某个常数附近摆动，随着 $n$ 的增加，摆动幅度越来越小，这时就把这个常数叫做事件 $A$ 的概率，记作 $P(A)$。

**设计意图：**教师梳理小组汇报的内容得出结论，伽尔顿钉板实验表明了频率的稳定性；“抛掷硬币和掷骰子”实验结果与直观分析一致，说明了“用频率估计概率”的合理性；大数定律阐明了“频率与概率”的关系。师生在对话交流、实验探索中经历了知识生成的过程，概率的统计定义就在这种体验中逐渐建构起来。

2.合作探究，理解概念

为了更好地理解概率的统计定义，请学生思考以下三个问题：

问题1：频率估算概率应用的前提条件是什么？

问题2：随机事件的概率 $P(A)$ 有什么范围？

问题3：频率与概率有什么区别和联系？

活动1：学生先独立思考三个问题，再进行小组内讨论，最后小组代表回答问题。

**设计意图：**三个问题深化了学生对定义的理解，强化重点，突破难点。

活动2：师生共同评价，并补充完善。

**设计意图：**让学生明白这是从统计的角度给出的概率的定义，揭示了偶然性中蕴含的必然性，体会从具体表象到抽象本质的转变过程。

3.尝试应用，巩固新知

为检查学生对定义的理解，让学生尝试解决一组例题。

**例** 5-1　判断下列说法的正误,并说明理由。

(1)随机事件的频率是一个在区间(0,1)上的随机数字,没有任何规律。

(2)频率本身是随机的,而概率是确定的数,是客观存在的。

(3)频率是概率的近似值,概率是频率的稳定值。

(4)若从一批产品中随机抽取10台进行质量检查,其中有1台是次品,则这批产品的次品率是0.1。

(5)“某彩票的中奖概率是$\frac{1}{1000}$”意味着买1000张彩票就一定能中奖。

(6)如果济南明天的降水概率为90%,后天的降水概率为10%,那么明天肯定下雨,后天肯定不下雨。

活动1:学生先独立思考问题,再进行小组内讨论,最后小组代表回答问题。

**设计意图:**例5-1强化了学生对频率与概率关系的理解,消除了学生在实际生活中对这类问题的错误认识。

**例** 5-2　甲、乙两射击手在同一条件下进行射击,结果如下表所示:

| 甲射击次数 | 10 | 20 | 50 | 100 | 200 | 500 |
|---|---|---|---|---|---|---|
| 击中靶心次数 | 8 | 19 | 44 | 92 | 178 | 455 |
| 击中靶心频率 | | | | | | |

| 乙射击次数 | 10 | 20 | 50 | 100 | 200 | 500 |
|---|---|---|---|---|---|---|
| 击中靶心次数 | 7 | 15 | 34 | 67 | 137 | 355 |
| 击中靶心频率 | | | | | | |

①计算甲、乙击中靶心的频率(精确到0.01)。

②甲、乙射手分别射击一次,击中靶心的概率各是多少?

③如果从甲、乙两人中选拔一位代表参赛,你会选择哪位?

活动2:学生独立完成表格中数据,最快算完的学生到黑板上写出结果。

**设计意图：**运算求解能力是高中生应具备的数学七大能力之一，同时它也是最基础与应用最广的能力，教师应引导学生有意识地提高计算能力。

活动3：师生共同分析例5-2的第2问和第3问。

**设计意图：**例5-2中三个问题的设置由浅入深，紧扣概率的统计定义，让学生感受实际生活中采取这种统计方法求概率的情况。第3问通过比较事件概率的大小，指导学生作出正确的决策。

活动4：小组介绍本组同学“用频率估计概率”的实际问题。

**设计意图：**选取学生查找到的感兴趣的问题，并加以解决，让学生感受到“用频率估计概率”这一方法运用的广泛性；同时，生活中许多概率问题从理论上不易求，也说明了“用频率估计概率”的必要性。

练习：为了估计池塘中鱼群的数量，请你制定一个可行的解决问题的方案。

活动5：学生小组内讨论练习题，并推选一名代表回答问题。

**设计意图：**来自学生现实生活的问题情景和开放式的问题设计，更有利于激发学生解决问题的积极性。通过解决问题，学生体验到日常生活中存在着数学规律，并且运用这样的数学规律可以解决生活中的问题。

4.归纳总结，提高升华

请学生归纳总结本节课的收获，并谈谈对随机事件的概率有何新认识。

活动1：学生思考后回答问题，师生共同补充完善。

结论：概率可以度量该事情发生的可能性，知道随机事件的概率有利于我们作出正确的决策。大概率事件在某一次试验中不一定发生，小概率事件在某一次试验中可能发生。这正是随机事件发生的随机性与规律性的辩证统一。

**设计意图：**数学学习的过程是一个不断探究、不断总结的过程。学生自己梳理本节所学知识，充分实现了学生的主体地位，这样既发展了学生的概括总结能力和表达能力，又使学生对知识有一个系统的理解与认识。

（三）课后设计

1.布置作业

基础题：课本中与本节课内容有关的课后练习题。

发展题：针对本节课出现的各种实验，探讨能否采用其他方法求出随机事件的概率。

**设计意图：**基础题和检测练习可以帮助学生巩固本节所学知识。发展题激励学生自己提出问题，用已掌握的概率统计知识去解决问题，同时也使教师在下节课的教学中有的放矢。

2.微课助学

对本节课内容还有疑问的学生，可以观看教师自制的微课。

**设计意图：**面向全体学生，将微课学习和翻转课堂有机结合，各自发挥优势，做到优势互补，最大限度地提升学生的学习效率，满足不同层次的学生的发展需要。

3.评价检测

检测练习：主要考查学生对概率的统计定义的理解与应用。

评价量规：量规具体细致，可对学生的信息技能、探究能力和知识应用等八个方面进行量化。

**设计意图：**在完成检测练习的基础上，学生结合量规进行全面评价，有利于学生了解自己的各方面情况，以便于改进不足之处，不断提高综合素养。

4.结束语

今天这节课，通过大家的动手实验、自主探究、合作交流，认识了随机事件的规律性。美国著名数学教育家波利亚明确指出：学习任何东西，最好的途径是自己去探究发现。只要我们能保持一种对问题探究的热情，就会掌握打开未知的钥匙，或许你的研究结果也能在实际生活中创造出很高的价值。

## 七、教学设计说明

本节课在教学目标的确定、教学方法的选择、教材内容的处理和教学过程的设计四方面达成了以下几个目的：

(1)多方位的数学史教育。教师通过介绍概率发展史中著名的数学家、数学实验和数学定理，学生从感悟欣赏中体会数学研究的严谨性，从而激发了学生的创新意识。

(2)多渠道的引入概念。教师通过设置数学小组的汇报展示、计算机实验的模拟和科学验证的介绍，使学生从数学实验中发现事件频率的变化规律，从而提高了学生的信息技能。

(3)多角度的理解概念。教师通过设置具体问题课前任务单，引导学生在自主学习与合作交流中理解概念，实现从具体表象到抽象本质的转变的过程，进一步提升学生的辩证唯物主义思想品质。

(4)多层次的应用概念。教师通过配置多层次的习题和解决生活中的难题，把传授知识与培养能力融为一体，使学生从“懂”到“会”到“悟”，达到锻炼学生实践能力的目的。

## 八、教后反思

创新意识、应用意识、探究意识、操作能力是当前素质教育最应考虑的问题。概率统计的思想方法有助于培养学生以随机的观点来理解世界，形成正确的世界观与方法论，为以后进一步学习和工作做好准备。因此，本节课贯彻“教师为主导，学生为主体，探究为主线，知识为基础，应用为目标”的教学原则，采用“汇报展示、合作探索”的教学方法，在学生已有知识的基础上，以课前任务单为提纲，突出教学的实验性和探究性，培养学生的数学应用意识，真正体现素质教育的精神。具体而言，在课堂教学实施过程中应注重以下四个方面：

(1)学生为主体，教师为主导。

北京教育学院教授、特级教师吴松年曾说过，任何忽视学生主体地位的教学都不可能取得成功。在本节课的施教过程中，教师提出课前任务单，学生以小组为单位进行收集资料、动手实验、计算机模拟实验等活动，有利于学生理解并把握活动的程序及目的，有利于发展学生的自我监控能力，有利于提高学生的原认知水平，使学生的学习活动达到“做中学”的水平，从而培养学生的创新意识和创新能力。教师在学生活动中应担当组织者、指导者、引导者的角色，例如通过实验和观察历史上数学家关于掷硬币的实验数据，引导学生发现结论——当实验次数较大时，实验频率稳定于理论概率。同时，提出质疑：生活中许多概率问题即使利用已有的知识也不好求，该如何解决？学生自然会想到用多次实验频率估计概率。教师适时提出有价值的问题，促使学生及时归纳总结与反思是取得良好教学效果的关键。实践证明，只有在教师的引导下，学生的理性思维才能形成，才会产生“顿悟”。

(2)数学教学是数学活动的教学。

新课标指出，数学教学是数学活动的教学，是师生之间、学生之间交往互动与共同发展的过程。实施本节课的教学时，通过课前活动，学生经历了“猜测—实验设计—收集数据—分析实验结果—估计概率”的完整过程，初步体会到科学研究的基本过程，感受到“用频率估计概率”的合理性。在课堂上，学生的汇报展示、组内讨论质疑、组间辩论说理等活动都是一道亮丽的风景，师生在对话交流、实验探索中经历了知识形成的过程，频率与概率的关系就在这种体验中逐渐建构起来。在整个教学过程中，教师着眼于引导学生，学生的学习活动是积极主动的，不是被动地听讲；知识获取的方式发生了改变，加深了学生对知识的理解；学生的体验、感受更加深刻，教学效果有了保证。

(3)实验是解决复杂数学问题的重要方法。

无论是深邃的数学问题，还是鲜活的生活问题，当理性思维难以破解时，及时构建模型实施实验是解决问题的重要方法。本节课在概念的应用阶段，教师选取学生小组课前自主查找感兴趣的问题：足球射门射正率和任选一个电视频道播放广告概率，课上介绍实验方案和结果分析，让学生进一步感受到“用频率估计概率”这一方法运用的广泛性。同时，生活中许多概率从理论上不易求，也说明了使用“频率估计概率”的必要性。对于这类实际问题，有时直觉思维是错误的，而澄清错误认识的一个重要方法是使学生亲身经历实验，唯有通过大量实验，才能获取可靠答案，通过实验结果修正错误的判断。从问卷调查结果上看，学生对这种授课方式比较赞同。

(4)以问题为载体创设教学活动。

数学教学本质上就是数学问题的教学。来自数学学科内部的问题和生活中的问题为数学教学提供了原动力，然而我们也知道，概率所涉及的内容都是实践性很强的问题，学生可以通过自主活动来认识数学和掌握数学知识。学生的能力和解题经验在解决问题的过程中得到提升。教师提出有思维价值的问题，既能锻炼学生的直觉思维能力、抽象思维能力，又会对学习经验和技能进行高度整合，形成新的能力。纵观本节教材的每一课时，均以问题起始，又在实验探究结束后以“大家谈谈”“观察思考”等形式提出新的问题。在不断解决这些问题的过程中，学生的经验与技能得到完美升华。

总之，本节课的设计突破了传统的教学模式，充分体现了新教材、新理念，以学好数学理论知识为基础，以培养数学应用意识为目的，以对实例的分析和探究为载体，培养以学生为课堂主体，以问题的提出、探究和实践为主线的应用数学的意识，由浅入深，由表及里，由感性到理性，通过思考和理解来认识辩证唯物主义思想，增强了数学的应用价值，提高了学生的实践能力，激发了学生学好数学、应用数学的信心和动力。

## 第二节 《离散型随机变量的分布列》案例分析

### 一、教学内容分析

概率是对随机现象统计规律演绎的研究，而统计是对随机现象统计规律归纳的研究，两者是相互渗透、相互联系的。离散型随机变量的分布列是人民教育出版社出版的高中数学选择性必修第三册第七章第二节第一课时的内容，它是一个必然事件分解成有限个互斥事件的概率的另一种表现形式，整体地反映了离散型随机变量所有可能的取值及其相应值的概率，全面描述了随机变量的统计规律，并为定义随机变量两种最重要的特征数——数学期望和方差奠定了基础。

因此，“离散型随机变量的分布列”作为概率与统计的桥梁与纽带，既是必修课程概率知识的延伸，又是统计学的理论基础，能起到承上启下的作用。同时，它是培养学生学会用数学思维来解决问题的好的素材，能够提升学生数学抽象、数学建模和数据分析的核心素养。

## 二、教学目标分析

依据教材分析和新课程标准要求，本节课的教学目标为：

(1)理解离散型随机变量的分布列及二点分布模型，学生能掌握分布列的性质，会求简单的离散型随机变量的分布列。

(2)经历数学建模过程，学生能理解离散型随机变量的分布列及其性质的导出，从而启发引导学生思考、讨论、表述，展现思维过程，让学生体会由具体到抽象的思想方法，感知从特殊到一般的认知过程。

(3)学生能认识到分布列对于刻画随机现象的重要性，体会数学来源于生活，又应用于生活的事实。通过设计抽奖活动，外化数学学习的兴趣，学生能体会到学习的成功与喜悦，培养严谨的科学态度。

根据以上教学目标，教学上力求体现两个意识(创新意识、应用意识)和四种能力(探究能力、建模能力、交流能力、实践能力)。

## 三、学生学情分析

根据以往的教学经验和学生思维的最近发展区理论，从以下两方面对学生学习本节课内容的情况加以分析，便于找到学生的认知规律，帮助学生跨越学习障碍。

### (一)认知基础

学生在概率初步中学习了随机事件和简单的概率模型，学会了用古典概型、几何概型求解随机事件的概率；在选修 2-3 第一章计数原理中学习了利用排列组合知识求某些随机事件的概率，具备了一定的知识基础。但是,学生对上节课学习的随机变量和离散型随机变量的概念的理解还不够深刻。

(二)能力储备

学生能够用概率统计学知识解决简单的实际问题,具备一定的分析问题和探究问题的能力。尽管思维活跃,但思考问题往往片面、不严谨,有待提高数学抽象和数学建模的核心素养。

离散型随机变量的分布列的性质是概念的外延,而离散型随机变量的分布列的内涵是一个必然事件分解成有限个互斥事件的概率的另一种表示形式,应在概念的生成中形成解决问题的思维方法。因此,本节课的重难点为:

教学重点:掌握离散型随机变量的分布列的概念和性质。

教学难点:理解离散型随机变量的分布列的性质。

突破重难点的策略:

(1)整节课都伴随着实例教学,注重锻炼学生的动手动脑能力,引导学生主动参与。

(2)通过设置问题情景,启发引导学生思考、讨论、表述,展现思维过程。

(3)通过辨析问题的设置,构筑思维冲突,提升理解层次。

## 四、教学策略分析

新课标要求:通过实际问题,引导学生学习概率统计知识,强调让学生通过解决实际问题,较为系统地经历数据收集、处理、分析与决策的全过程。结合以上分析,确定这节课的教法和学法如下:

1.教法

理解离散型随机变量的分布列是培养学生学会用数学思维来解决问题的关键。贯彻"教师为主导,学生为主体,探究为主线,知识为基础,应用为目标"的教学原则,在学生已有知识的基础上,采用启发探究式教学方法,设置问题情境,让学生充分参与发现问题与解决问题的过程,引导学生思考、讨论，充分体现数学的核心概念、思想方法，突出课堂教学的实验性和探究性，培养学生的数学应用意识，真正体现素质教育的精神。

2.学法

学生学习概念的过程为“具体—抽象—具体”，即由感性认识上升到理性认识，形成抽象思维，然后用归纳的结论去指导具体问题的解决。本节课借助实际问题和提问给学生营造一个思维情境，给每个学生提供思考、创造、表现和成功的机会，有意识地培养学生“会观察”“会类比”“会分析”“会总结”的能力，使学生在和谐愉悦的教学氛围中获取新知识、提高能力，充分发挥学生的抽象思维、逻辑思维和创造思维，很好地达成了教学目标。

## 五、教学支持条件分析

为了有效实现教学目标，借助 PPT、Excel 图表、视频等展现丰富的实例和问题，增强直观性，增大课堂容量，同时留给学生更多的时间思考和交流。

## 六、教学过程设计

(一)引入阶段——创造实际情境，启动学生思维

1.创设具体情境，策划抽奖方案

背景：学校运动会刚结束，学生场上场下的表现都非常出色(播放一段运动会上的视频)。教师特地购买了三种价值不同的奖品，欲采用抽奖的方式把奖品发给学生，让学生帮助设计抽奖方案，其目的也是检查一下学生对概率知识的掌握程度。

抽奖规则：①一个盒子中放有 6 个球，标号为 1～6，每次让一名学生任意摸一个球，用标号兑奖；②确保每位抽奖者都有奖，并且抽中一、二、三等奖的概率不同。

问题：如何设奖比较合理？请你利用前阶段所学的概率知识，为这一活动作一策划。

活动 1：学生前后四个人一小组交流讨论，小组派代表汇报本组的设奖方案。

活动 2：师生共同确定设奖方案后，现场让部分学生抽奖，教师颁发奖品，其他同学课后抽奖。

**设计意图：**结合校运动会恰当进行德育渗透，选择贴近学生实际生活的抽奖问题来展开探究，很容易引起学生的兴趣和求知欲。同时，在设计抽奖方案的过程中，既复习了前面学习过程的概率知识，体会了概率知识的应用，又可以为引出离散型随机变量的分布列的定义作好铺垫，提升学生数学建模的核心素养。

2.回顾概率旧知，渗透思想方法

复习：什么是随机变量？什么是离散型随机变量？

活动 1：学生回顾上节课所学内容，并回答问题。

活动 2：教师引导学生结合具体问题，弄清离散型随机变量的概念。

总结：抽奖方案中，记摸得球的球号数为随机变量 $X$，一、二、三等奖的奖品价格为随机变量 $Y$，两随机变量的取值及其相应值的概率如下：

| $X$ | 1 | 2 | 3 | 4 | 5 | 6 |
|---|---|---|---|---|---|---|
| $P$ | $\frac{1}{6}$ | $\frac{1}{6}$ | $\frac{1}{6}$ | $\frac{1}{6}$ | $\frac{1}{6}$ | $\frac{1}{6}$ |

| $Y$ | 10 | 5 | 3 |
|---|---|---|---|
| $P$ | $\frac{1}{6}$ | $\frac{1}{3}$ | $\frac{1}{2}$ |

活动 3：引导学生从函数的观点来认识具体表格，进而引出离散型随机变量的分布列，引入课题。

延伸：从函数的观点来看，随机变量的每一个取值都与它所对应的概率值建立了一种函数关系，而函数的表示方法有表格法、解析法和图像法。对于离散型随机变量的取值及其相应值的概率而言，一般通过列表形式来具体体现它的概率分布情况。

**设计意图：**通过解决具体问题，学生体验将随机试验的结果数量化的过程，渗透用函数思想研究随机变量分布列的方法，体会表格对研究随机现象的工具性作用。既可以巩固对随机变量这一概念的理解，又可以为引出离散型随机变量的分布列及其性质给出具体的实例，分散教学的难点。

（二）认知阶段——新旧知识作用，搭建新知结构

1.结合抽奖表格，归纳核心概念

发现：上面规则中总结的表格在策划活动过程中起着重要的作用。

引出：学生对表中的数据和特征进行分析、思考，第一行为各种可能的结果，第二行为相应的概率，体现了离散型随机变量的概率分布情况。

问题：尝试给出一般离散型随机变量的分布列的定义。

活动：学生思考问题后，回答问题，教师适当引导。

抽象定义：一般地，若离散型随机变量可能取的值为 $x_1, x_2, \cdots, x_n$，$x$ 取每一个值 $x_i (i=1,2,3,\cdots,n)$ 的概率为 $P(X=x_i)=p_i$，则称

| $X$ | $x_1$ | $x_2$ | $\cdots$ | $x_n$ |
|---|---|---|---|---|
| $P$ | $p_1$ | $p_2$ | $\cdots$ | $p_n$ |

为离散型随机变量 $X$ 的概率分布，简称 $X$ 的分布列。

教师强调：要掌握一个离散型随机变量 $X$ 的取值规律，必须①知道 $X$ 所有取值；②知道 $X$ 取每一个值的概率；③列出表格。

**设计意图：**通过对具体问题的分析，学生体会由具体到抽象的思想方法，感知从特殊到一般的认知过程，提升数学抽象的核心素养。同时，学生能了解离散型随机变量的分布列整体地反映了离散型随机变量所有可能的取值及其相应值的概率。通过对具体问题的分析，全面描述了随机变量的统计规律，为定义随机变量的特征数奠定了基础，进一步突出本节课的重点。

2.剖析性质本质，加深概念理解

问题：离散型随机变量的分布列具有哪些性质？并阐述理由。

活动1：教师引导学生通过观察实例中分布列的特征猜想分布列的性质，并回答问题。

教师进一步追问：上述猜想正确吗？这是由两个具体实例的表格得出的，是否所有的离散型随机变量的分布列都具有这些性质？

活动2：以小组为单位讨论交流，小组派代表分析本组的成果，教师进行总结。

为降低学生的思维难度，设置如下思考问题链：①分布列中随机变量对应的概率的取值范围是多少？②分布列中随机变量对应的随机事件之间是什么关系？③所有随机事件构成的和事件又表示什么事件？

总结：离散型随机变量的分布列具有两个性质：① $p_i \geqslant 0, i=1,2,\cdots,n$；② $p_1+p_2+\cdots+p_n=1$，即 $\sum\limits_{i=1}^{n} p_i=1$。

剖析：根据概率的性质得出分布列的第一条性质。

分析分布列的第二条性质：因为基本事件空间是一个必然事件，随机变量取值对应的随机事件彼此互斥，根据互斥事件的概率加法公式可得随机变量取值对应的概率之和为1，即

$$\Omega=(X=x_1)\cup(X=x_2)\cup\cdots\cup(X=x_i)\cup\cdots\cup(X=x_n)$$

$$P(\Omega)=P(X=x_1)+P(X=x_2)+\cdots+P(X=x_i)+\cdots+P(X=x_n),$$

$$1=p_1+p_2+\cdots+p_i+\cdots+p_n。$$

**设计意图：**鼓励学生大胆猜想这两条性质，因为不少科学的发明、发现都是依靠直觉来提出猜想和预见，然后再通过大量的实验或科学论证，才得到证实或否定，进而推动科学技术的发展。学生通过对两条性质的探究证明，加深对离散型随机变量分布列及其性质的理解，通过经历离散型随机变量分布列性质的本质的认识过程，突破本节课的重点，提升数据分析的核心素养。

活动3：学生思考辨析题，回答问题并说明理由，师生共同评价。

辨析题：下列表中可以作为离散型随机变量的分布列是（　　）

A.

| $\xi$ | 1 | 0 | 1 |
|---|---|---|---|
| $P$ | $\frac{1}{4}$ | $\frac{1}{2}$ | $\frac{1}{4}$ |

B.

| $\xi$ | 0 | 1 | 2 |
|---|---|---|---|
| $P$ | $-\frac{1}{4}$ | $\frac{3}{4}$ | $\frac{1}{2}$ |

C.

| $\xi$ | 0 | 1 | 2 |
|---|---|---|---|
| $P$ | $\frac{1}{5}$ | $\frac{2}{5}$ | $\frac{3}{5}$ |

D.

| $\xi$ | $-1$ | 0 | 1 |
|---|---|---|---|
| $P$ | $\frac{1}{4}$ | $\frac{1}{4}$ | $\frac{1}{2}$ |

**答案:**D

**设计意图:**利用分布列的性质判定离散型随机变量的分布列是否正确,进一步明确分布列性质的作用,加深对离散型分布列概念的理解,再次强化本节课的重点。

(三)操作阶段——巩固认知结构,培养应用意识

1.讲析生活实例,导出两点分布

情境:共同观看一段篮球比赛视频(见图 5-1)。

图 5-1

**例** 5-3　篮球运动员在比赛中每次罚球命中得 1 分,不中得 0 分。已知运动员姚明罚球命中的概率为 0.83,求他罚球一次的得分的分布列。

活动 1:学生在学案上写出解答过程;请学生讲述答案,教师板书解题过程。

**解析:**用随机变量 $X$ 表示“每次罚球得的分值”,根据题意,$X$ 可能的取值为 1,0,且取这两个值的概率分别为 0.83,0.17,因此所求的分布列为

| $X$ | 1 | 0 |
|---|---|---|
| $P$ | 0.83 | 0.17 |

**设计意图:** 在不改变教材中的例题题型的情况下,采用热点问题,激发学生的学习兴趣,让学生学会正确地分析某些随机现象,是学习本章知识的意义所在。教师的板书为规范解题作好示范,同时引出两点分布的定义。

定义:如果随机变量 $X$ 的分布列为

| $X$ | 1 | 0 |
|---|---|---|
| $P$ | $p$ | $q$ |

其中,$0<p<1$,$q=1-p$,则离散型随机变量 $X$ 服从参数为 $p$ 的两点分布,而称 $p=P(X=1)$为成功概率。

活动 2:教师给出两点分布的定义,并介绍相关的数学史。

图 5-2

数学史:两点分布又称伯努利分布,为纪念瑞士科学家詹姆斯·伯努利(James Bernoulli,1654-1705 年)而命名。伯努利家族三代人中产生了 8 位科学家,他们在数学、科学、技术、工程乃至法律、管理、文学、艺术等方面享有名望。

考虑只有两种可能结果的随机试验,称这种试验为伯努利试验。如果进行 $n$ 次伯努利试验,当成功的概率是恒定的,且各次试验相互独立,取得成功次数的概率分布为后面重点学习的二项分布。

**设计意图:** 通过介绍相关的数学史,学生能够认识到两点分布在概率发展进程中的重要历史地位,从而对概率的了解更丰富,对这部分知识更感兴趣。

问题:实际生活中有没有两点分布的例子? 谁能举例?

活动 3:学生举例,其他学生补充。

举例:新生婴儿的性别、明天是否下雨、种子是否发芽、彩票是否中奖、抽到的产品是否是正品等。

**设计意图:** 举例意在加深学生对两点分布模型的理解,强调两点分布是最简单的离散型随机变量的分布列，表明其应用非常广泛，是今后学习二项分布的基础。

2.加强思维训练，完成能力提高

**例 5-4**　盒子中装有 6 个同样大小的白球，编号为 1～6，现从中随机取出 3 个球，以 $X$ 表示“取出球的最大号码”。

①求 $X$ 的分布列；

②求“最大号码不超过 5”的概率。

活动 1：学生独立解题，个别同学到黑板板书解题过程，师生共同评价。

**解析**：①随机变量 $X$ 的取值为 3，4，5，6，则

$$P(X=3)=\frac{C_2^2}{C_6^3}=\frac{1}{20},\qquad P(X=4)=\frac{C_3^2}{C_6^3}=\frac{3}{20},$$

$$P(X=5)=\frac{C_4^2}{C_6^3}=\frac{3}{10},\qquad P(X=6)=\frac{C_5^2}{C_6^3}=\frac{1}{2}。$$

因此，所求随机变量 $X$ 的分布列为

| $X$ | 3 | 4 | 5 | 6 |
|---|---|---|---|---|
| $P$ | $\frac{1}{20}$ | $\frac{3}{20}$ | $\frac{3}{10}$ | $\frac{1}{2}$ |

②$P(X\leqslant 5)$

$=P(X=3)+P(X=4)+P(X=5)$

$=\frac{1}{20}+\frac{3}{20}+\frac{3}{10}=\frac{1}{2}$。

另解：$P(X\leqslant 5)=1-P(X=6)=1-\frac{1}{2}=\frac{1}{2}$。

规律：①根据互斥事件的概率加法公式，离散型随机变量在某一范围内取值的概率等于它取这个范围内各个值的概率之和。②当正面分析问题比较复杂时，往往采取补集思想求某些事件的概率，可大大减少讨论情况。

**设计意图**：例 5-4 是对教材例题的改编和加深，也是对引例的继续探究。第一问让学生练习确定随机变量取值的情况，利用排列组合知识

求出 $X$ 取每个值的概率；第二问通过两种解法，让学生总结提炼方法，进一步体会分布列的应用，提升学生的解决问题的能力。

问题：请归纳出求解离散型随机变量的分布列的步骤。

活动 2：学生归纳总结，师生共同评价。

提炼：求解离散型随机变量的分布列的方法和步骤：①明确随机变量的含义，确定随机变量的取值；②判定随机事件的关系，计算每个取值的概率；③规范列表给出分布列，检验是否满足两个性质。

评析：求离散型随机变量 $X$ 的分布列的关键是要确认随机变量的取值，强调列表后利用分布列的性质检验结果是否正确。

**设计意图：**教师通过归纳总结解题步骤，条理学生的解题思路，规范学生的书写步骤，既发展了学生的概括总结能力和表达能力，又使学生对知识有了一个系统的理解与认识。

**例** 5-5　某同学向圆形靶（见图 5-3）投掷飞镖，飞镖落在靶外（环数记为 0）的概率为 0.1，飞镖落在靶内的各个点是随机的。已知圆形靶中三个圆为同心圆，半径分别 30 cm、20 cm、10 cm，飞镖落在不同区域的环数如图中标示。记这位同学投掷一次得到的环数为随机变量 $X$，求 $X$ 的分布列。

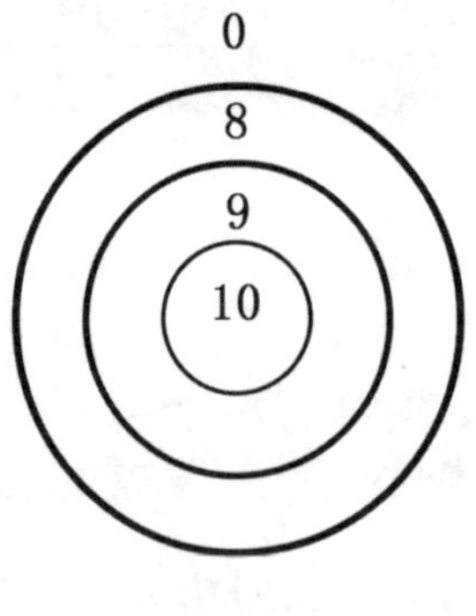


图 5-3

**活动** 3：学生在学案上规范解题步骤，请一位同学借助投影仪讲解解题过程，师生共同评价。

**解析：**由题意知，飞镖落在靶内各个区域的概率与它们的面积成正比。三个同心圆的半径比为 3∶2∶1，面积比为 9∶4∶1，所以 8 环区域、9 环区域及 10 环区域的面积比为 5∶3∶1，故掷得 8 环、9 环及 10 环的概率可分别设为 $5k$，$3k$，$k$，则 $0.1+5k+3k+k=1$，解得 $k=0.1$。

因此，所求随机变量 $X$ 的分布列为

| $X$ | 0 | 8 | 9 | 10 |
|---|---|---|---|---|
| $P$ | 0.1 | 0.5 | 0.3 | 0.1 |

**设计意图：**本例题考查几何概型，让学生体会不同概率模型的应用，强化对离散型随机变量分布列及其性质的理解。

3.归纳概括提升，课后巩固延伸

问题：通过本节课的学习，你在知识内容和思想方法上有什么收获？

活动：学生总结，教师补充。

**设计意图：**学生自己梳理本节所学知识，提高其归纳概括能力，使所学知识更条理化、系统化，使其认识结构更趋合理。同时，注重数学思想方法的提炼可使学生逐渐把经验内化为能力，从而走向一个新的制高点。

知识内容：离散型随机变量的分布列概念及其性质，两点分布模型。

思想方法：具体到抽象、特殊到一般、数据分析等。

作业：通过基础训练和发展训练将问题由课内延伸到课外，巩固学生所学的知识。

基础训练：课本中与本节课内容有关的练习题。

发展训练：一个盒子中放有大小相同的 4 个黄球和 2 个白球，其中 4 个黄球标号为 1～4，2 个白球标号为 5 和 6。

规则 1：每次从盒中摸出一球，记下号码后放回，摸球两次，用得到两数和的情况进行设奖。

规则 2：每次从盒中摸出一球，记下颜色后放回，摸球两次，用得到白球数的情况进行设奖。

规则 3：若摸出 1 个黄球得 1 分，摸出 1 个白球得 3 分，从盒中任意摸出 3 个球，用得分的和进行设奖。

（1）探求上述三个规则中相关随机变量的分布列，并给出设奖方案。

（2）自主设计新的摸球游戏规则，并求相关随机变量的分布列，小组交流。

**设计意图：**教师通过分层作业将问题由课内延伸到课外，可以使学生进一步巩固本节课所学知识。探究题可激励学生大胆提出问题，并用自己已有的概率统计知识去解决问题，使教师在下节课的教学中有的放矢。

4.结束语

今天这节课，我们学习了离散型随机变量分布列的知识，它既是必修概率知识的延伸，也是统计学的理论基础。学会用所学的概率知识正确分析某些随机现象，也是学习本章的意义所在。

## 七、教学设计说明

新课标要求教师通过实际问题帮助学生学习概率统计知识，强调让学生通过解决实际问题，较为系统地经历数据收集、处理、分析与决策的全过程。新课改时时刻刻在提醒我们"思路决定出路"，明确教学设计是为了"学生的学而设计教"，不是为了"老师的教而设计学"。因而，本节课在教学设计上注重以下两方面：

（1）学的重点应是离散型随机变量的分布列的概念及其性质，而非如何求概率。

大多数教师采用"一个定义、三项注意、变式训练"的传统概念教学模式，定义匆匆过，训练变式多，导致学生在表示随机变量的分布列时错误不断。这些错误集中表现在求错某些事件的概率，即使教师纠正了错误，但学生还是会犯错。整堂课反映出的教学重点是求随机事件的概率，而学生出错的根本原因是在思维的过程中没有有意识地将分布列问题转化为求互斥事件的概率。正所谓："皮之不存，毛将焉附。"经历离散型随机变量的分布列的概念的教学过程，并形成将分布列问题转化为求互斥事件的概率的意识理应成为教学的重点。

(2)教的概念应从创设概念的生长点的问题情境切入探究,而非抛给学生。

“一个定义、三项注意、变式训练”是典型的“抛式”数学概念教学模式,未建立在学生已有的认知基础上的数学概念的理解犹如空中楼阁,未建立在思维的最近发展区内进行的类比、归纳的正迁移思维犹如断了翅膀的鸟,未经历数学概念的探究而进行的变式训练亦不过是模仿解题。问题是数学的心脏,数学活动是由“情境问题”驱动的,“问题解决”是其主要的活动形式,创设可以连续变式的正多面体的问题情境,提出从低维度向高维度发展的问题是历经数学概念再创造的好的开始。将数学概念的引入情境化,顺其自然,不强加于人,合乎学生的认知规律。离散型随机变量的分布列的性质是概念的外延,而离散型随机变量的概率分布列的内涵是一个必然事件分解成有限个互斥事件的概率的另一种表示形式,更重要的是应在概念的生成中形成解决问题的思维方法。

# 第三节　《二项分布》案例分析

## 一、教学内容解析

概率是对随机现象统计规律演绎的研究,而统计是对随机现象统计规律归纳的研究,两者是相互渗透、相互联系的。二项分布是高中数学人教 A 版选修第三册第七章第四节第一课时的内容,是在学习了随机变量及其概率分布、条件概率以及事件独立性的基础上,研究独立重复试验这一概念性知识和二项分布应用这一程序性知识的核心内容。本节课的教学重点是独立重复试验概念的理解、二项分布模型的构建及其应用,其中蕴含丰富的数学思想,即“特殊到一般”“具体到抽象”“分类与整合”等。

在自然现象和社会现象中,大量的随机变量都服从或近似地服从二项分布,不仅实际应用广泛,理论上也非常重要。独立重复试验与二项分布是对前面所学知识的综合应用,也是本章的重点内容,更是培养学生学会用数学思维来解决问题的素材，能够提升学生的数学抽象、数学建模和数据分析等核心素养。

## 二、教学目标设置

《普通高中数学课程标准》指出，高中概率教学的核心问题是让学生了解随机现象与概率的意义，通过在具体情景中的实例了解有关概念的意义，并能解决一些简单的实际问题 。新的课程理念为概率的教学指明了方向。通过本单元的学习，学生能认识到离散型随机变量的分布列对刻画随机现象的重要性，理解条件概率和相互独立事件的概念，掌握超几何分布和二项分布这两个应用广泛的概率模型，体会统计知识的实用价值。

基于以上分析，确定本节课的课堂教学目标为：

(1)能够从具体实例中总结出 $n$ 次独立重复试验的概念，并能够举例说明常见的 $n$ 次独立重复试验。

(2)通过由特殊到一般的引例分析，归纳出 $n$ 次独立重复试验概率计算的公式，并构建二项分布概率模型。

(3)了解两点分布、超几何分布与二项分布的区别与联系，能用二项分布概率模型解决一些实际问题，感受数学的应用价值，培养数学的应用意识。

## 三、学生学情分析

根据学生思维的最近发展区理论，从以下两方面对学生学习本节课内容的情况加以分析，便于找到学生的认知规律，帮助学生跨越学习障碍。

### (一)认知基础

学生已初步掌握了概率与统计的知识，学习了离散型随机变量的分布，研究了两点分布、超几何分布，理解了条件概率、相互独立事件。但是，由于个体的差异性和学生十几年来学习确定性变量思维方式的固化，在转向学习概率的概念和方法时，不能用发散、多向、求异的非常规性思维考虑问题，从而导致学生对概率问题中事件间关系的判定不准确，概念及相互之间关系模糊不清，产生了很多概念和方法应用上的误区，因此需要在教师的帮助下消除错误的思维习惯。

(二)能力储备

学生能够用概率统计学知识解决简单的实际问题，具备一定的抽象、归纳和数学建模能力，但是从复杂的实际背景中抽象出数学模型对于学生来说还是比较困难的，教师需给予适当的启发引导。

根据本节教材内容的安排和新课标的要求，并结合学情分析，确定本节课的教学重点为二项分布概率模型的构建，教学难点为独立重复试验的辨析。在教学中通过大量实例和设置问题串，构筑思维冲突，引导学生正确理解二项分布这一概率模型，在解决问题的过程中进一步加深学生对所学知识原理的理解，从而突出重点，突破难点。

## 四、教学策略分析

新课程标准强调让学生通过解决实际问题，较为系统地经历数据分析与决策的全过程，并确切地理解随机现象与概率概念是正确分析、解答概率问题的基础。结合以上分析，确定这节课的教法和学法分别如下：

(一)教法

贯彻“教师为主导，学生为主体，探究为主线，知识为基础、应用为目标”的教学原则，在学生已有知识的基础上，采用“问题驱动”的课堂教学模式，通过不同的摸球实验来归纳独立重复试验的特征，通过对实际问题的辨析来深化对这一概念的理解；抽象概括出二项分布的概率模型，借助例题提炼出解决该类问题的一般程序，让学生充分参与发现知识与解决问题的过程，引导学生思考、讨论、表述，突出数学核心概念，渗透数学思想方法，培养学生的数学应用意识，真正体现素质教育的精神。

(二)学法

学生学习概念的过程为“具体—抽象—具体”，即由感性认识上升到理性认识，形成抽象思维，然后指导具体问题的解决。本节课借助问题情境，给每个学生提供思考、创造、表现和成功的机会，逐渐培养学生“会观察”“会类比”“会分析”“会总结”的能力。对于核心内容，采用合作交流的方式，为不同认知基础的学生提供适当的帮助。同时，教师参与到交流中，及时根据学生讨论反馈的信息调控课堂，使学生在和谐愉悦的教学氛围中获取新知识，提高能力，更好地达成教学目标。

## 五、教学媒体支持

为了更有效地实现教学目标，教师借助 PPT 展现丰富的实例和问题，增强直观性，增大课堂容量；提供相关微视频来拓展学生的视野，满足不同层次学生发展的需要。同时，教师要鼓励学生使用计算器、计算机等现代技术手段来处理数据，使其动手实践能力得到锻炼。

## 六、教学过程设计

### (一)引入阶段——创造实际情境，启动学生思维

1.创设具体情境，引入概率新知

美籍数学教育家波利亚说过，任何概率问题可以与一个装球的适当问题相比拟，而任何随机大量现象从某些本质方面可以看作从一组适当的袋子中连续取球。因此，从既简单又典型的随机试验——摸球问题开始，展开研究之旅。

摸球问题：一个盒子中放有大小相同的 6 个球，其中 4 个黄球，2 个白球，探求下面试验中摸得白球数的分布列。

试验 1：从中任取一个球。

试验 2：从中不放回地摸球两次，每次摸出一球。

试验 3：从中有放回地摸球两次，每次摸出一球。

问题：尝试解决以上问题，并说明上面三种随机试验各有什么特点？

活动 1：学生以四人为一组进行交流讨论，小组派代表汇报本组的成果。

活动 2：师生共同评价，教师提出独立重复试验的定义。

定义：在相同条件下重复做 $n$ 次试验，各次试验的结果相互独立，称

为 $n$ 次独立重复试验。

**设计意图：**选择既简单又典型的摸球问题展开探究，既能复习前面学习的概率知识，又为后面引出二项分布作了铺垫，建立起新知识与已有相关知识的实质性联系，同时提升学生数据分析的核心素养。

2.辨析生活实例，渗透独立重复

问题：判断下列试验是不是独立重复试验？你还能举出其他独立重复试验的例子吗？

(1)某人依次投掷四枚质地不同的硬币。

(2)某同学连续投掷一枚骰子 5 次。

(3)某射手每次击中目标的概率是 0.9，他连续射击 4 次。

(4)10 张奖券中含 3 张有奖的奖券，每人限购一张，有三人去购买。

活动 1：学生回答问题，师生共同评价。

活动 2：学生举出生活实例，并归纳独立重复试验的特点。

归纳：独立重复试验的特点：①每次试验是在同样条件下进行；②各次试验中的结果是相互独立的；③每次试验中某事件发生的概率是相同的。

**设计意图：**一方面，调动学生学习的积极性，培养其批判性思维习惯。另一方面，巩固对独立重复试验这一概念的理解，为重点学习的二项分布给出了具体的实例，分散了教学的难点。

(二)认知阶段——新旧知识作用，搭建新知结构

1.探究相关问题，归纳核心公式

问题 1：试验 3 中有放回地摸球“两次”改为“三次”，求恰好取得1 次白球的概率，取得 2 次白球、3 次白球的概率各是多少？

活动 1：学生独立计算，并回答问题，师生共同评价。

**设计意图：**在学生思维最近发展区内提出问题，使学生面对适度的学习困难，由一次到二次再到三次，由简单到复杂，安排好梯度，让学生感知从特殊到一般的认知过程，提高学生的思维参与度，帮助学生逐步学会思考。

问题 2：你能提出什么类似的问题？问题的解决有什么规律吗？

活动 2:学生小组交流讨论,小组派代表汇报本组的成果。

活动 3:教师恰当引导,构建新的概率模型。

抽象:在 $n$ 次独立重复试验中,设事件 $A$ 发生的次数为 $X$ ,在每次试验中事件 $A$ 发生的概率为 $p$,那么在 $n$ 次独立重复试验中,事件 $A$ 恰好发生 $k$ 次的概率为

$$P(X=k)=C_n^k p^k(1-p)^{n-k} \quad (k=0,1,2,\cdots,n,n\in\mathbf{N}^*)。$$

强调:引入参数时一般要指出参数的取值范围。

**设计意图:** 通过观察、分析、归纳、概括,引导学生开展主动理解、探索知识的思维活动,符合"学生为主体,老师为主导"的新课程理念,也符合学生的认知规律,突出教学的重点,突破教学的难点。同时,让学生体会由具体到抽象的思想方法,提升学生数学抽象的核心素养。

2.剖析公式特征,加深概型理解

问题 1:观察概率计算公式的特征,考虑与前面学习的公式的特征是否相同?

活动 1:学生思考并回答,教师引出二项分布的概念。

剖析:$C_n^k p^k(1-p)^{n-k}$ 与 $[(1-p)+p]^n$ 的二项展开式中第 $k+1$ 项完全相同。故称随机变量 $X$ 服从二项分布,记作 $X\sim B(n,p)$,也叫伯努利分布。

**设计意图:** 学生通过对概率求解公式的探究,加深对二项分布概率模型的理解,保持知识的连贯性、思想方法的一致性,让学生经历二项分布本质的认知过程,强化教学的重点。

活动 2:教师借助 PPT 介绍相关的数学史。

数学史:二项分布又称伯努利分布,为纪念瑞士科学家詹姆斯·伯努利(James Bernoulli,1654—1705 年)而命名。伯努利家族三代人中产生了八位科学家,他们在数学、科学、技术、工程乃至法律、管理、文学、艺术等方面享有名望。

考虑只有两种可能结果的随机试验,这种试验称为伯努利试验。如果进行 $n$ 次伯努利试验,当成功的概率是恒定的,且各次试验相互独立,取得成功次数的概率分布为二项分布。

**设计意图：**通过介绍相关的数学史，学生能够认识到二项分布在概率发展进程中的重要历史地位，从而对概率的了解更丰富，对这部分知识的学习更感兴趣。

问题2：简述二项分布与两点分布、超几何分布之间的联系与区别。

活动3：学生小组交流讨论，小组派代表汇报本组的成果。

活动4：教师适当引导，师生共同归纳总结。

总结：①两点分布由于试验次数是一次，可以看成二项分布也可看成超几何分布。②超几何分布与二项分布的试验背景不同：二项分布中每次试验的条件相同，并且事件 $A$ 发生的概率相同；超几何分布中每次试验的条件不同，事件 $A$ 发生的概率也不同。

**设计意图：**引导学生辨析所学概率分布的联系与区别，强化学生对新旧知识的认识，加深对二项分布概念的理解，再次强化教学的重点，分散教学的难点。

（三）操作阶段——巩固认知结构，培养应用意识

1.讲析生活实例，渗透德育教育

情境：借助PPT共同回忆女排夺冠的时刻，全中国人民为此振奋不已，最终夺冠靠的不单单是勇于拼搏、敢于创新的“女排精神”，还有自身实力。

**例**5-6　据新华社网，里约奥运会中国女排主攻手——朱婷以0.4的扣球命中率（看作扣球一次命中的概率）高居榜首。在五次扣球过程中，求：

①扣中次数 $X$ 的分布列；

②至多扣中1次的概率；

③至少扣中1次的概率。

变式1：要保证扣球命中概率大于0.99，至少应扣球多少次？（参考数据：$\lg 3=0.477$，$\lg 5=0.699$）

变式2：世界第一主攻手郎平的扣球命中率为0.5，若郎平和朱婷进行训练赛，每人扣球三次，两人扣中次数相等的概率是多少？

**答案：**①

| X | 0 | 1 | 2 | 3 | 4 | 5 |
|---|---|---|---|---|---|---|
| $P(A)$ | $\frac{243}{3125}$ | $\frac{810}{3125}$ | $\frac{1080}{3125}$ | $\frac{720}{3125}$ | $\frac{240}{3125}$ | $\frac{32}{3125}$ |

② $\frac{1053}{3125}$； ③ $\frac{2882}{3125}$。

变式 1：$1-\left(\frac{3}{5}\right)^n \geqslant 0.99$，解得 $n=10$。

变式 2：

$$P=C_3^0\left(\frac{3}{5}\right)^3\cdot C_3^0\left(\frac{1}{2}\right)^3+C_3^1\frac{2}{5}\left(\frac{3}{5}\right)^2\cdot C_3^1\frac{1}{2}\left(\frac{1}{2}\right)^2+C_3^2\left(\frac{2}{5}\right)^2\frac{3}{5}$$

$$\cdot C_3^2\left(\frac{1}{2}\right)^2\frac{1}{2}+C_3^3\left(\frac{2}{5}\right)^3\cdot C_3^3\left(\frac{1}{2}\right)^3=\frac{61}{200}=0.305。$$

活动 1：学生先独立在学案上写出解答过程，再进行小组内讨论。

活动 2：小组派代表汇报成果，师生共同评价并完善解题过程。

**设计意图：**此题是对教材例题的改编加深，以排球比赛为背景来渗透德育教育，既起到巩固知识、训练技能的作用，又能帮助学生领悟统计思想，发展统计思维。同时，板书解题过程也为规范解题起到示范作用。

2.加强思维训练，完成能力提高

问题 1：朱婷扣球命中率为 0.4，每次扣球的结果都是相互独立的，那么她扣球 5 次肯定会扣中 2 次吗？

活动 1：学生回答，师生共同评价。

强调：概率是指随机事件发生的可能性大小，该事件并不一定会发生。

问题 2：共享单车一投放市场，便因其环保便利的特点，风靡全城，图 5-4 为街边停放的共享单车。目前，共享单车主要有两个途径确定维修：软件检测和用户故障举报。据统计，某地区已使用过的共享单车的故障率为 2%，若从 $n$ 辆中任意地依次抽出 3 辆，当 $n=500,5000,50000$ 时，分别以放回和不放回的方式抽取，求恰好抽到 1 辆故障车的概率各是多少？从计算结果看，你有何新的认识？

图 5-4

活动 2：借助计算器，小组合作完成题目，并对结果进行分析。

活动 3：教师归纳总结，并列举生活例子。

**解析**：在有放回的抽取中，可以把 3 次抽取看成是 3 次独立重复试验，抽到故障车服从 $X\sim B(3,0.02)$。在无放回的抽取中，抽到的故障车 $X$ 服从超几何分布，$X$ 的分布与产品的总数 $n$ 有关，需分三种情况计算，如表 5-1 所示。

表 5-1　$X$ 的分布

| $X$ | 0 | 1 | … |
|---|---|---|---|
| 超几何分布 $P(n=500)$ | … | $\dfrac{C_{110}C_{490}^{2}}{C_{500}^{3}}\approx 0.057\ 853$ | … |
| 超几何分布 $P(n=5000)$ | … | $\dfrac{C_{1100}C_{4900}^{2}}{C_{5000}^{3}}\approx 0.057\ 647$ | … |
| 超几何分布 $P(n=50\ 000)$ | … | $\dfrac{C_{11000}C_{49000}^{2}}{C_{50000}^{3}}\approx 0.057\ 626$ | … |
| 二项分布 $P$ | … | $C_{3}^{1}\times 0.02\times(1-0.02)^{2}\approx 0.057\ 624$ | … |

由表 5-1 可知，在不放回抽取中，当产品的总数很大时，超几何分布近似于二项分布。

总结：在不放回 $n$ 次抽取中，如果产品总数 $n$ 数目很大时，$X$ 的分布近似于二项分布。从大量中抽取，且每次抽取的结果是相互独立的，这两个信息提示我们应将其近似为二项分布，这也是我们在生活实际中使用概率时常常采用的方法。

**设计意图：**开放性的题目可以帮助学生有意识地应用所学知识解决日常生活中的问题，澄清日常生活中对身边所出现的一些问题存在的错误认识，使学生对知识有一个系统的理解与认识。

3.归纳概括提升，课后巩固延伸

问题1：通过本节课的学习，你在知识内容和思想方法上有什么收获？

活动1：学生总结，教师补充。

知识内容：独立重复试验的概念，二项分布概型。

思想方法：特殊到一般、具体到抽象、分类与整合、补集思想等。

**设计意图：**学生自己梳理本节课所学知识，提高归纳概括能力，并将所学知识条理化、系统化，使自己的认识结构更趋合理。同时，注重数学思想方法的提炼，可使学生逐渐把经验内化为能力，从而走向一个新的制高点。

作业：通过基础训练、发展训练和课外探究将问题由课内延伸到课外，巩固学生所学的本节知识。

基础训练：课本本中与本节课内容相关的练习题。

发展训练：完成下面两道练习题。

练习题1：如果朱婷的扣球命中率为0.4，那么她连续扣球10次，最有可能扣中多少次？尝试给出证明。

练习题2：实力相等的甲、乙两队参加乒乓球团体比赛，规定5局3胜制（即5局内谁先赢3局就算胜出，并停止比赛）。

①试分别求甲打完3局、4局、5局才能取胜的概率。

②按比赛规则，求甲获胜的概率。

③用$X$表示比赛场次，试求$X$的分布列。

课外探究：探究高尔顿板试验与二项分布的关系。

**设计意图：**通过分层作业将问题由课内延伸到课外，巩固学生所学知识。发展训练可兼顾学有余力的学生，使教师在下节课的教学中有的放矢。课外探究能够拓展学生的视野,培养其探索精神和创新能力。

4.结束语

今天这节课,我们从实际出发,构建了二项分布这一重要的概率模型,又应用其解决了实际问题,感受到数学既来源生活,又服务生活。学会用所学的概率知识正确分析某些随机现象,也是学习本章的意义所在。

### 七、教学设计说明

著名教育学家布鲁纳曾说过:知识的获得是一个主动过程,学生不是信息的被动接受者,而是知识获取的主动参与者。本节课的设计应注重以下几方面:

(1)突现数学核心概念,紧抓数学学习本质;

(2)问题串联一整节课,充实巩固新知结构;

(3)切准学生认知关键,提升数学核心素养;

(4)充分挖掘教学内容,恰当渗透德育教育。

## 第四节 高中概率教学需进一步研究之处

高中数学新课程的教学变化是巨大的,与传统的高中数学相比,在教学目标、教学内容、教学方式以及教学手段等诸多方面都有重大的变革和调整,顺应了时代发展的潮流,构建了以学生发展为本,体现了时代性、基础性和选择性的课程结构和内容。

虽然我们正在实践着新课程,但我们的教育教学理念、课堂教学实施过程还没有完全跟上新课程的要求,还存在不足之处,需要教师在教学实践中不断的反思,提出改进方案,使得高中新课程能够顺利进行。同时,由于笔者对有些问题的思考还不够深入,因此本书是对高中新课程概率教学误区的初步研究,特别是对高中概率教学对学生的认知和思维发展方面的研究比较薄弱,只是将自己的想法和观点表达出来以供讨论和参考。其实,高中新课程概率的教学研究还有很多方面值得商讨。比如,高考中的概率的研究、基于现代教育技术的高中概率教学模式的构建等。

# 参考文献

[1]李俊.中小学概率的教与学[M].上海:华东师范大学出版社,2003.

[2]中华人民共和国教育部.普通高中数学课程标准(2017 年版 2020 年修订)[S].北京:人民教育出版社,2020.

[3]金美月.高中数学教师概率统计知识状况调查研究[D].沈阳:辽宁师范大学.2008.

[4]张奠宙.迟到的收获[J].中学数学,2003(1).

[5]马萍.高一学生统计素养现状的调查研究[D].上海:华东师范大学,2008.

[6]陈嫣,涂荣豹.关于随机性数学意识的培养[J].数学教育学报,2002(2):27-29.

[7]张文忠,但冰如.概率统计中的反例[M].成都:成都科技大学出版社,1991.

[8]杨宗磐.概率论入门[M].上海:科学出版社,1981.

[9]复旦大学.概率论[M].北京:人民教育出版社,1979.

[10]华东师范大学数学系.概率论与数理统计教程[M].北京:高等教育出版社,1983.

[11]费勒.概率论及其应用[M].胡迪鹤,林向清,译.北京:科学出版社, 1964.

[12]皮亚杰.发生认识论原理[M].王宪钿,等译.上海:商务印书馆,2017.

[13]张德然,茆诗松.高中概率统计教学中关于随机性数学思维的培养[J]. 课程.教材.教法，2003(9):39-42.

[14]波利亚.数学与猜想[M].李志尧,王日爽,李心灿,译.北京:科学出版社,2002.

[15]斯蒂恩.站在巨人的肩膀上[M].胡作玄,邓明立,等译.上海:上海教育出版社,2000.

[16] 郑毓信,肖柏蓉,熊萍.论数学思维与方法论[M].成都:四川教育出版社,2001.

[17] 布鲁纳.教育过程[M].邵瑞珍,译.北京:文化教育出版社,1982.

[18]Green D R. Probability Concepts in 11－16 Year Old Pupils [M].2nd Education. Centre for Advancement of Mathematical Education in Technology, University of Loughborough,1982.

[19]Williams J S, Amir G S.11－12 Year Old Children's Informal Knowledge and Its Influence on their Formal Probabilistic Reasoning. [J]. Cognitive Ability, 1995:32.

[20]Konold C. Understanding Students'Beliefs About Probability [M]. Springer Netherlands,1991:139-156.

[21] Fischbien E, Gazit A. Does the Teaching of Probability Improve Probabilistic Intuitions? [M]. Educational Studies in Mathematics.1984:1-24.

[22] Jones G A, Langrall C W, Mogill C.A Framework for Assessing and Nurturing Young Children's Thinking in Probability[J].Educational Studies in Mathematics, 1997, 32(2):101-125.

[23]Collis K F, Biggs J B.Developmental Determinants of Qualitative of School Leaning[J].Learning and Teaching Cognitive Skills ACER, Melbourne. 1991:185-207.

# 附 录

## 附录一 《频率与概率》检测练习

### 《频率与概率》检测练习

（限时 30 分钟，满分 100）

小组：　　　　　　姓名：　　　　　　成绩：

**一、选择题**（每题 5 分，总共 40 分）

1.关于频率和概率的关系，下列说法正确的是（　　）

A.频率等于概率

B.当实验次数很大时，频率稳定在概率附近

C.当实验次数很大时，概率稳定在频率附近

D.实验得到的频率与概率不能相等

2.下列说法正确的是（　　）

A.可能性很大的事件必然发生

B.可能性很小的事件也可能发生

C.如果一件事情可能不发生，那么它就是必然事件

D.如果一件事情发生的机会只有百分之一，那么它就不可能发生

3.下列说法正确的是（　　）

A.一枚质地均匀的骰子已连续抛掷了 2000 次，其中，抛掷出 5 点的次数最少，则第 2001 次一定抛掷出 5 点

B.某种彩票中奖的概率是 1%，因此买 100 张该种彩票一定会中奖

C.天气预报说明天下雨的概率是50%,所以明天将有一半时间在下雨

D.抛掷一个图钉,“钉尖触地”和“钉尖朝上”的概率不相等

4.在布袋中装有两个大小一样,质地相同的球,其中一个为红色,一个为白色。模拟“摸出一个球是白球”的机会,可以用下列哪种替代物进行实验(　　)

A.“抛掷一枚普通骰子出现1点朝上”的机会

B.“抛掷一个啤酒瓶盖出现盖面朝上”的机会

C.“抛掷一枚质地均匀的硬币出现正面朝上”的机会

D.“抛掷一个普通图钉出现针尖触地”的机会

5.做重复实验:抛掷同一个啤酒瓶盖1000次,经过统计得“凸面向上”的频率约为0.44,则可以由此估计抛掷这个啤酒瓶盖出现“凹面向上”的概率约为(　　)

A.0.22　　B.0.44　　C.0.50　　D.0.56

6.小明练习射击,共射击60次,其中有38次击中靶子,由此可估计,小明射击一次击中靶子的概率是(　　)

A.38%　　B.60 %　　C.约63%　　D.无法确定

7.在一个不透明的布袋中,红色、黑色、白色的玻璃球共有40个,除颜色外其他完全相同。小李通过多次摸球实验后发现其中摸到红色、黑色球的频率稳定在15%和45%,则口袋中白色球的个数很可能是(　　)

A.6　　B.16　　C.18　　D.24

8.在一个暗箱里放有 $a$ 个除颜色外其他完全相同的球,这 $a$ 个球中红球只有3个。每次将球搅拌均匀后,任意摸出一个球记下颜色再放回暗箱。通过大量重复摸球实验后发现,摸到红球的频率稳定在25%,那么可以推算出 $a$ 大约是(　　)

A.12　　B.9　　C.4　　D.3

**二、填空题**(每题 5 分,总共 20 分)

9.王老师在体育课上做篮球的投篮示范,第一次他投了 10 次,进了 8 球;第二次他投了 15 次,进了 12 球,那么他第一次投中的频率为________,第二次投中的频率为________,由此可以估计他投篮命中的概率约为________。

10.袋中有 3 个黄球和若干个红球,现从袋中任意摸出一个球,记录下颜色后又放回袋中,再任意摸一个球记下颜色 ,重复这样做 200 次,共有 38 次摸到黄球,这时可估计袋中有红球________个。若做同样的试验 500 次 ,共摸到 398 次红球,这时再估计袋中红球有________个。

11.某产品出现次品的概率 0.05,任意抽取这种产品 800 件,那么大约有________件是次品。

12.某单位全体职工中,月工资在 3000 元到 4000 元的人数为 150,频率是 0.3,那么这个单位的职工总人数大约是________。

**三、解答题**(各题中每一问 5 分,总共 40 分)

13.在一大批种子中,随机抽取一些种子做发芽实验,结果如下表所示:

| 种子粒数 | 70 | 130 | 310 | 700 | 1500 |
|---|---|---|---|---|---|
| 种子发芽数 | 62 | 116 | 280 | 635 | 1354 |
| 种子发芽频率 | | | | | |

(1)计算种子发芽的频率,填写上表;

(2)在这批种子中任取一粒,这粒种子能发芽的概率大约是多少?

(3)估计 5000 粒这批种子,有多少粒能发芽?

14.某商场设立了一个可以自由转动的转盘,并规定:顾客购物 10 元以上就能获得一次转动转盘的机会,当转盘停止时,指针落在哪一区域就可以获得相应的奖品。下表是活动进行中的一组统计数据。

(1)计算并完成表格:

| 转动转盘的次数 $n$ | 100 | 150 | 200 | 500 | 800 | 100 |
|---|---|---|---|---|---|---|
| 落在“铅笔”的次数 $m$ | 68 | 111 | 136 | 345 | 564 | 701 |
| 落在“铅笔”的频率$\frac{m}{n}$ | | | | | | |

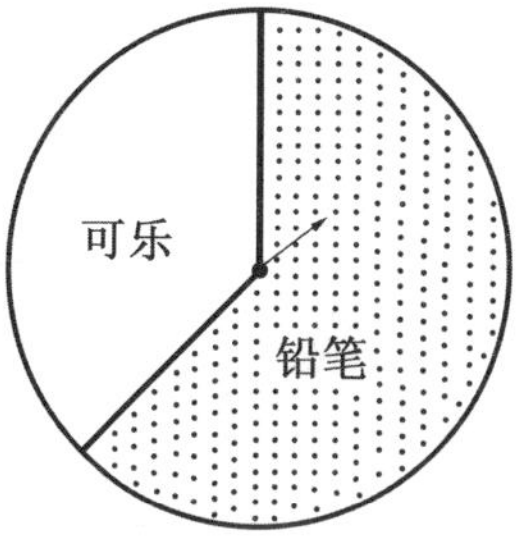


(2)请估计当 $n$ 很大时，频率将会接近多少？

(3)假如你去转动该转盘一次，你获得铅笔的概率约是多少？

15.某人要想知道自己承包的水库里今年能否捕到 4000 条鱼，他先任意地在水库内捕了 100 条鱼，每条鱼上挂上小标志物，然后放回水里，以后他做过 5 次调查试验，记录如下：

| 次序 | 捕鱼(条) | 捕到有记号的鱼(条) | 频率 |
|---|---|---|---|
| 第一次 | 100 | 4 | |
| 第二次 | 300 | 10 | |
| 第三次 | 600 | 17 | |
| 第四次 | 800 | 24 | |
| 第五次 | 1000 | 30 | |

(1)计算各次捕到有记号的频率；

(2)估计今年该水库能捕到多少条鱼？

# 《频率与概率》检测练习答案

1～8.BBDC,DCBA。 9. 0.8，0.8，0.8。 10. 13，12。 11. 40。

12. 500。

13.(1)0. 89，0. 89，0. 90，0. 91，0. 90；

(2)大约是 0. 9；

(3)大约有 4500 粒。

14.(1)依次填 0. 68，0. 74，0. 68，0. 69，0. 705,0. 701；

(2)当 $n$ 很大时，频率将趋向于 0. 7；

(3)当 $n$ 很大时，频率逐渐稳定于概率，故获得铅笔的概率约是 0. 7。

15.(1)0. 04，0. 033，0. 028，0. 03，0. 03；

(2)捕到有记号的鱼的概率大约为 0. 03，估计今年能捕鱼 $x\approx$ 3300(条)。因此，该水库今年捕鱼 4000 条的可能性不大。

# 附录二 “频率与概率”的评价量规

“频率与概率”的评价量规如附表 2.1 所示。

附表 2.1 “频率与概率”的评价量规

| 评价指标（权重） | 好 (0.8,1] | 一般 (0.6,0.8] | 需要改进 [0,0.6] | 学生评价 自评 0.2 | 学生评价 互评 0.3 | 教师评价 0.5 | 总分 |
|---|---|---|---|---|---|---|---|
| 搜集数据，处理数据（10 分） | 能够正确地（错误率不超过 5%）采用统计方法搜集数据，并独立地使用 Excel 处理数据 | 能够比较正确地(错误率超过 5%,不超过 15%)采用统计方法搜集数据，不能够独立地使用 Excel 处理数据,需别人的指点(指点次数不超过 3 次) | 不能够正确地（错误率超过 15%）采用统计方法搜集数据，不会使用 Excel 处理数据，需学习或别人的指点次数超过 2 次 | | | | |

续表

| 评价指标（权重） | 好 (0.8,1] | 一般 (0.6,0.8] | 需要改进 [0,0.6] | 学生评价 | | 教师评价 0.5 | 总分 |
|---|---|---|---|---|---|---|---|
| | | | | 自评 0.2 | 互评 0.3 | | |
| 资料、视频的下载（10分） | 能够独立地下载资料、视频，能够对其他同学提供有效适时的帮助 | 不能够独立地下载资料和视频，需别人的指点（指点次数不超过2次） | 不会下载资料和视频，需学习或别人的指点次数超过2次 | | | | |
| 制作PPT展示研究成果（10分） | 能够独立制作PPT展示此方面的相关资料或试验结果，内容充实、合情合理 | 能够独立制作PPT展示此方面的相关资料或试验结果，但内容不够充实，个别方面存在问题 | 能够独立制作PPT展示此方面的相关资料或试验结果，但理论或结果与实际不符，多数在搞形式 | | | | |

续表

| 评价指标（权重） | 好（0.8，1] | 一般（0.6，0.8] | 需要改进[0，0.6] | 学生评价 | | 教师评价0.5 | 总分 |
|---|---|---|---|---|---|---|---|
| | | | | 自评0.2 | 互评0.3 | | |
| 概率的统计定义的应用（20分） | 能够独立正确地利用这一定义对实际问题进行分析 | 不能够正确地利用这一定义对实际问题进行分析（指点次数不超过2次） | 不能够独立地利用这一定义对实际问题进行分析（需学习或指点次数超过2次） | | | | |
| 过程合作（10分） | 探究过程和研究成果是集体合作完成的 | 探究过程和研究成果主要是一两个同学完成的 | 探究过程和研究成果是一两个同学完成的，有的同学没有参与进来 | | | | |
| 表达、沟通与分享（10分） | 发言次数超过4次（不含），能够积极地帮助同学 | 发言次数超过2次（不含），不超过4次（含），但很少帮助别人 | 发言次数不超过2次（含），也不愿与别人交流 | | | | |

续表

| 评价指标（权重） | 好 (0.8,1] | 一般 (0.6,0.8] | 需要改进 [0,0.6] | 学生评价 | | 教师评价 0.5 | 总分 |
|---|---|---|---|---|---|---|---|
| | | | | 自评 0.2 | 互评 0.3 | | |
| 自我检测（30分） | 能够在规定时间内完成检测题，并且得分区间为[90,100] | 能够在规定时间内完成检测题，并且得分区间为[80,90) | 不能够在规定时间内完成检测题，并且得分区间为[0,80) | | | | |
| 自评评语 | | | | | | | |
| 互评评语 | | | | | | | |
| 教师评语 | | | | | | | |

# 附录三　概率初步测试题

亲爱的同学：

你好！下面是你在学习概率初步时可能遇到的一些问题。请你根据自己的实际情况认真回答每一个问题。本问卷试题只为研究之用，不作为个人学习水平的评价。请你一定按照自己的真实想法或知识水平来答题，真诚地感谢你的合作！

## 概率初步测试题

（限时 10 分钟，每题 10 分，满分 100）

学号：　　　姓名：　　　成绩：

请判断正误，在括号内上打“√”或“×”。

(1)预报今天济南的降水概率是 70%，北京的降水概率是 90%；如果济南今天降雨了，那么北京一定也降雨。（　　）

(2)用抽签的方法决定一件事情，先抽还是后抽对各人来说都是公平的。（　　）

(3)有限基本事件空间中的基本事件的概率一定都相等。（　　）

(4)概率为零的事件一定是不可能事件。（　　）

(5)概率为 1 的事件一定是必然事件。（　　）

(6)若 $P(A)=P(B)$，则不一定 $A=B$。（　　）

(7)若 $P(A\cup B)=P(A)+P(B)$，则 $A,B$ 一定互斥。（　　）

(8)若 $P(A\cap B)=0$，则不一定 $A,B$ 互斥。（　　）

(9)若 $P(A)+P(B)=1$，则一定 $A,B$ 互为对立事件。（　　）

(10)若 $P(A)\leqslant P(B)$，不一定有 $A\subset B$。（　　）